스승
MENTOR

일러두기

- 책에 수록된 글들은 2004년부터 오늘날에 이르기까지
  스승께서 강의한 내용 중에서 발췌하여 정리한 것입니다.
  스승께서 강의하신 분량이 워낙 방대하기에
  강의 순서와 상관없이 배열하였습니다.

- 질문자에 맞추어 강의를 한 것이기에 다소 중첩된 부분들이 들어있습니다.
  하지만 그 부분 역시 그 질문에 충실한 답이 되기 위해서는
  반드시 필요한 내용들이기에 그대로 재록, 편집하였습니다.

- 강의 내용을 글로 옮긴 것으로 최대한 강의 내용에 벗어나지 않도록 하기 위해
  스승께서 사용한 용어들을 그대로 살렸기에
  표준어가 아닌 단어들도 일부 들어있음을 양지하시기 바랍니다.

- 스승의 강의는 그때 그때 질문자의 질문에 답하는 형식으로 진행합니다.
  그래서 본문은 강의를 충실히 옮긴 내용이지만
  글의 제목들은 편집자가 글 내용에 맞게 구성하였습니다.

스승
MENTOR

제2권
대화(話·化·花)

眞 政

정법시대

질문과 함께 보는

차
례

MENTOR
CONTENTS

차례보기

개강준비

스승의 그림자, 왜 밟을 수 없나? / 012

Part 1

제1강 **검사와 도둑** / 016

이번에 아들이 사법 고시에 합격을 하였습니다. 아들은 검사가 되어 자신의 뜻을 펴고 싶다고 합니다. 어떠한 검사가 되어야 하는지 여쭙고 싶습니다.

제2강 **세상의 모든 1등에게** / 026

아이가 음악에 재주가 있어 그 재주를 키워 주고 있습니다. 욕심인지 모르겠지만 이왕이면 아이가 두각을 나타내어 그 분야에서 1등을 했으면 합니다. 부모로서 어떻게 뒷바라지를 해주어야 하는지 가르쳐 주십시오.

제3강 **2013년, 이 나라의 대통령은?** / 034

대통령 선거가 앞으로 2년 정도 남았습니다. 그런데 벌써부터 출마 예상자들의 행보가 국민의 입에 오르내리면서 관심을 끌고 있습니다. 올바른 대통령이 나와야 국민들의 삶이 나아질 것이라고 생각이 됩니다. 2013년부터 이 나라를 이끌고 갈 대통령은 어떠한 사람이어야 하는지 가르쳐 주십시오.

Part 2

제4강 큰 부자, 작은 부자 / 060

큰 부자와 작은 부자가 있다고 하는데, 저도 간혹 부자라는 소리를 듣지만 수천억 가진 사람에 비하면 매우 작습니다. 그래서 작은 부자가 아무리 노력을 해도 큰 부자가 될 수 없는 것인지 이에 대해 여쭙고 싶습니다.

제5강 기업, 3대에 운명이 달려 있다 / 072

얼마 전 경제계 전면에 나선 기업의 3대들이 대부분 선친의 경영 철학을 그대로 이어 받아 선친경영, 품질경영을 하고자 한다는 기사가 나왔습니다. 지금 세상이 빠르게 변화하고 국내뿐만 아니라 세계 경제도 어려워 이들의 역할이 매우 중요한데, 미래지향적이기보다 과거를 답습하려는 쪽으로 기우는 것 같아 조금 걱정스럽습니다. 과연 기업의 3대가 어떻게 기업을 경영해야 하는지 가르쳐 주십시오.

제6강 나는 왜 하는 일마다 안 되지? / 086

"나는 하는 일마다 되는 게 없다"며 손만 대면 망하는 사람이 있는가 하면, 손만 대면 다 잘되는 사람이 있습니다. 이 두 사람의 차이가 무엇인지 가르쳐 주십시오.

제7강 동업 할까? 말까? / 092

사업을 시작하려고 하는데, 경험도 부족하고 자금도 넉넉하지 않아 다른 사람과 동업을 해야만 하는 상황입니다. 그런데 동업을 하는 경우 대부분 서로 얼굴을 붉히며 돌아서고, 주변에서도 동업만은 절대 하지 말라고 합니다. 성공적인 동업을 하려면 어떻게 해야 하는지 가르쳐 주십시오.

Part 3

제8강 대화 (話 · 化 · 花) / 100

사회생활에 있어 대인관계가 매우 중요하며, 이때 중요한 부분을 차지하는 것이 대화인 것 같습니다. 그래서 이번 시간에는 대화라는 주제를 가지고 공부를 하고자 하는데, 먼저 대화를 어떻게 해야 하는지 가르쳐 주십시오.

    1/ 감언이설   2/ 거절   3/ 비밀
    4/ 솔직한 대화   5/ 지적인 대화   6/ 유머
    7/ 수직·수평 대화   8/ 이중인격   9/ 지식과 대화

Part 4

제9강 모임은 보물창고 / 152

우리 국민은 신앙단체를 비롯하여 동문회, 애향회, 봉사단체, 사회단체에서 많은 모임을 가지고 있습니다. 특히 연말연시가 되면 망년회라는 이름으로 흥청망청 술이나 마시며 그 시간을 무의미하게 보내고 있습니다. 어떻게 하면 이러한 모임을 올바르게 할 수 있는지 가르쳐 주십시오.

제10강 인류평화의 핵, 6.25 / 176

올해가 6.25 전쟁 발발 60주년이 되는 해입니다. 그런데 6.25 전쟁 때 전사했거나 부상을 당한 사람 또는 그 가족 등 직접 관련이 있는 사람들을 제외하고는 이 날에 대해 관심을 갖고 있지 않습니다. 그래서 방송에서 6.25 전쟁 특집을 방영해도 별 관심을 두지 않고, 마치 아득한 과거의 일처럼 사람들의 기억에서 잊혀지고 있습니다. 60주년을 맞이하여 6.25 전쟁의 의미에 대한 올바른 가르침을 주십시오.

Part 5

제11강 **아빠랑 살래, 엄마랑 살래?** / 200

요즘 주위에서 이혼을 하는 부부들이 많이 나오고 있습니다. 이혼을 하면 가장 큰 문제가 자녀의 양육문제인데 이혼 후 아빠나 엄마 중 어느 쪽이 아이를 키워야 그 아이에게 가장 좋은 환경이 될 수 있는지 가르쳐 주십시오.

제12강 **태교, 어떻게 해야 하나?** / 222

임신 5개월인데, 총명한 아이를 낳고 싶어서 영어도 배우고, 음악도 듣고, 책도 많이 보면서 태교에 신경을 많이 쓰고 있습니다. 이외에 어떠한 것을 더 하면 좋은지 여쭙고 싶습니다.

제13강 **명당, 흉당** / 232

예로부터 갑자기 집안에 우환이 생기면 조상님들의 묘자리를 잘못 써서 그렇다는 말을 하고, 이사 갈 때에도 방위를 잘 살펴보고 들어가야 한다는 말이 있습니다. 과연 명당과 흉당이 있는지 여쭙고 싶습니다.

차례보기

Part 6

제14강 **구제역, 이렇게 구제하라!** / 240

현재 우리나라에서 구제역 발생으로 인해 소, 돼지와 같은 가축 수백만 마리가 살처분되고 있고, 방역당국의 처리과정 문제로 심각한 환경오염이 우려되고 있습니다. 정부 수립 이후 이번 구제역의 규모가 사상 최고라고 하는데 이 시점에서 우리가 이러한 상황을 어떻게 봐야 하며 사람에게 영향이 없을지 궁금합니다.

제15강 **잠자는 우리를 깨운 나라, 일본** / 254

우리나라와 일본은 아직도 감정의 고리가 남아 있어 우리나라의 일부 사람들은 일본에게 일제압박과 전쟁에 대한 사과를 계속 요구하고 있습니다. 그러나 반대로 지금 일본에서는 우리의 감정과는 달리 한국의 연예인들을 우상화하며 따르는 사람들도 많이 있습니다. 우리와 일본의 미묘한 관계를 어떠한 시각으로 보아야 하는지 가르쳐 주십시오.

제16강 **일본 쓰나미, 하늘도 울고 땅도 울고** / 278

몇 년전 인도네시아의 쓰나미로 인해 많은 사람들이 죽었고 또 지금 지진으로 인한 쓰나미가 일본을 덮쳐 피해가 엄청납니다. 그 여파로 한반도를 포함해 지축까지 움직였다고 하는데 이러한 현상을 어떻게 보아야 하고, 가장 가까이에 있는 우리나라가 피해를 당한 일본에게 어떻게 해야 하는지 궁금합니다.

도서출판 정법시대는… / 292
스승 제1권 질문보기 / 296

개강준비

스승은 천길을 다 뚫고 난 후 제자를 가르치러 바닥에 내려오니, 제자가 스승을 밟으려 쫓아가면 앞으로 가 있고 또 밟으려 쫓아가면 또 앞으로 가 있는 것이다.

단지 제자에 맞춰서 가려고 내려와 있을 뿐이다.

스승의 그림자, 왜 밟을 수 없나?

'스승의 그림자를 밟지 않는다'는 말이 있다. 그러나 밟지 않는 것이 아니라 밟을 수가 없다.

왜 밟을 수가 없느냐? 그림자를 밟으려고 다가가면 스승은 이미 앞으로 가 있기 때문이다.

스승이 되려면 천기(天氣)를 통달해야 된다. 그 말은 천(千)길을 통달해야 된다는 소리이다. 글자도 천자문(千字文)이라고 하지 않느냐? 천(千)은 하늘에 닿는 수(數)로, 천(天)과 같은 의미이다.

중생은 바닥에 있다. 한 길의 바닥에서 벗어나지 못한다. 그러나 스승은 천길을 다 뚫고 난 후 제자를 가르치러 바닥에 내려온다. 천길을 내려와서 가르치니 제자가 스승을 밟으려 쫓아

개강준비

가면 앞으로 가 있고, 또 밟으려 쫓아가면 또 앞으로 가 있는 것이다. 저 멀리 위에서 내려왔으니 앞으로는 얼마든지 갈 수 있다. 단지 제자에 맞춰서 가려고 내려와 있을 뿐이다. 그러니 제자가 아무리 밟으려 하여도 벌써 저 앞에 가 있으니 밟을 수가 없고, 찍어 파 보려고 해도 안 되는 것이다. 이것을 그림자로 비유하여 스승의 그림자를 밟을 수 없다고 하는 것이다.

제자는 죽을 때까지 스승을 쫓아가도 밟지 못한다. 그러니 스승을 밟으려고 쓸데없는 시간을 낭비하지 마라.

아무리 밟으려 해도 밟을 수 없는 자가 스승이다. 그래서 부모의 그림자는 밟을 수 있어도 스승의 그림자는 밟을 수 없다.

Part 1

재주로 자신의 분야에서 1등이 되었다면
세상을 보는 안목 또한 1등이 되어야 한다.

세계 1위가 되면 인류의 찬사를 받은 것으로
그것은 인류의 에너지를 먹은 것이다.
그래서 인류를 위한 공인이 되어 지적으로 뜻있고
보람 있는 일을 하여 인류에 이바지해야 한다.

제1강 검사와 도둑

問

이번에 아들이 사법 고시에 합격을 하였습니다.
아들은 검사가 되어 자신의 뜻을 펴고 싶다고 합니다.
어떠한 검사가 되어야 하는지 여쭙고 싶습니다.

答

도둑을 내 자식같이 사랑하라.

고시 공부하느라 애쓰다 이제 세상 밖으로 나오는구만!

세상 밖으로 나온다는 것은 사람을 접한다는 것이다. 이것은 곧 낮은 일에서 벗어나는 것을 말한다. 이 말을 조금 더 풀어주면, 기계로 물건을 만드는 노동자는 사람을 많이 접하지 못한다. 물론 여기에도 10% 접하는 사람이 있고 20% 접하는 사람이 있고 30% 접하는 사람이 있어 그 차이는 있지만 어쨌든 사람을 많이 접하지 못한다. 그래서 낮은 일을 한다고 하는 것이다. 그러면 그들은 계속 낮은 일만 하고 있어야 하느냐? 아니다. 그렇다면 어떻게 해야 낮은 일에서 벗어날 수 있느냐? 물건을 만들 때 이 물건이 누구에게 가서 어떻게 쓰여야 최고로 잘 쓰일 수 있게 되는지를 생각하며 물건을 만들어야 한다. 다시 말해, 월급을 받아 먹고살기 위해 물건을 만드는 것이 아니라 이 물건을 쓸 사람을 생각하며 자신의 에너지를 쏟아부어야 한다는 것이다. 이것이 1차 공부로, 그 일에 최고로 정성을 들여 자신의 삶을 성스럽게 만들어야 한다는 것이다. 그러면 일에 보람을 느끼게 되고, 그 일을 시키는 상사도 그 자의 성실함을 보게 되어 그 일에서 끌어내어 사람을 접하는 일을 시키게 된다. 물론 이때에도 3:7의 법칙에 의해 70% 물건을 접하면서 30% 사람을 접하게 하다가, 30% 물건을 접하게 하면서 70% 사람을 접하게 하는 식으로 차츰차츰 물건을 만드는 일에서 벗어나게 한다. 그래서 이제부터 1차 공부에서 벗어나 2차 공부에 들어가게 한다. 이것이 곧 낮은 일에서 벗어나 높은 일을 하게 한다는 뜻이다.

고시 공부를 할 때에도 마찬가지이다. 공부를 할 때에는 열심히 책만 본다. 그런데 고시에 합격되고 나면 책을 더 읽으라고 하느냐? 안 한다. 이제 사람을 접해도 될 만큼의 지식을 갖추었으니 그때부터 사람을 접하라는 것이다. 그리하여 책에서 벗어나 사람을 접하게 된다. 이 역시 1차 공부가 끝나고, 2차 공부에 들어가는 것으로, 사람 앞에 나서는 것이 바로 검사 자리로 가는 것이다. 그런데 그 자리에 가서 공부를 하지 않고 그냥 사람만 다루고 있으면 더 이상 성장하지 못한다.

책을 통해 지식과 정보를 끌어넣어 흡수한 것은 40%의 공부를 한 것으로, 그것을 기반으로 검사가 되면 이제부터 30%의 공부를 더 하기 위해 법이라는 이름으로 사람을 접하게 된다. 그러면 검사는 국가를 대신하여 자신이 쌓은 지식을 가지고 사람을 대하기 시작한다. 여기서 말하는 사람이란 검사에게 직접 찾아오는 사람이 아니라 국가 앞에 온 사람을 말한다. 즉, 국가가 정한 법을 어겨 불려온 사람을 말한다.

검사에게 사람을 접하도록 하는 것은 매일 범죄자들을 마주하면서 잘못을 캐내고 단죄만 하라는 것이 아니다. 그 안에서 뭔가 더 깊이 있게 보며 작게는 범죄심리학부터 크게는 인간심리학까지 공부를 하라는 것이다. 그리고 범죄자를 다루는 것도 처음에는 단순범죄자를 접하기 시작하여 조금 뒤에는 단수 높은 중죄인을 다루다가 어느 정도 되면 경제인을 다루고, 그 다음은 정치인이나 사상가를 다루는 순서로 코스도 자꾸 올라간다. 이런 사람들을 다루면서 그 안에 자신의 공부가 다 있는 것이다. 그래서 이 공부를 다하고 나면 30%가 채워져 70%

의 공부 즉, 2차 공부가 끝나게 된다. 그러면 그때부터는 분별을 바르게 할 수 있게 되어 논문을 쓴다든지, 자신에게 직접적으로 찾아오는 사람을 변호하는 길로 갈 수 있다. 이런 식으로 코스를 밟아가야 되는데 지금은 전부 고시에 합격해서 검사만 되면 다 되는 줄 알고 있다. 그러니 검사 자리에 있어도 나중에는 늘 갑갑하고 삶이 허탈해지는 것이다.

검사는 왜 도둑과 같은 범죄자를 상대하면서 그 안에서 공부해야 하느냐? 검사와 도둑은 기운 자체가 같기 때문이다. 검사의 기개가 크듯 도둑의 기개도 크다. 간이 콩알만한 사람이 어떻게 대담한 범죄를 저지를 수 있겠느냐? 도둑은 집념이 매우 커서 도둑을 벗어나기가 힘들다. 이렇듯 검사와 도둑은 서로 상대 역할을 할 뿐이지 기운에너지는 같다.

검사는 자신이 공부를 많이 하여 윗자리에서 도둑을 다루고 있는 줄 아는데 사실 전생에 도둑이었거나 도둑을 다루어야 할 기운을 가진 사람이었다. 그런데 전생에 닦은 것이 있고 또 도둑을 상대로 해야 할 공부가 아직 남아 있기에 이생에 검사라는 직업을 가지고 도둑과 마주하는 것이다.

검사는 도둑을 상대하며 깨우칠 것이 있고 또 도둑은 검사에게 배울 것이 있다. 이렇게 하여 검사도 인생을 바르게 살아야 되고 도둑도 인생을 바르게 살아야 된다. 서로에게 도움되게 풀어야 상생(相生)이다. 검사가 됐든 도둑이 됐든 자기 인생을 사는데 보탬이 되게 살아야 되지 않느냐? 그러므로 검사는 다른 사람도 만나지만, 만나는 사람의 70% 이상이 범죄자라는 것은 네가 풀어야 할 몫이 그 속에 있기 때문이다. 이것은 비단 검사에게만 해당되는 것이 아니라 의사나 경찰이나 다른 직업도 마찬가지이다.

검사는 도둑을 처벌하고 나면 '이 자도 사람답게 살 권리가 있는데 왜 이렇게 할 수 밖에 없었는가?'를 생각해 보고 가슴 아파해야 된다. 이것이 검사가 해야 할 공부이다.

그리고 도둑에게 구형을 하더라도 "당신에게 법으로 이렇게 구형을 했지만 내가 도울 수 있으면 돕겠다"고 하며 계속 관계를 유지하면서 그들의 삶을 바르게 이끌어 주어야 한다. 그렇게 될 때 그들이 검사에게 감사함을 느끼고 은인으로 생각하여 믿고 따르게 된다. 그러면 자연스럽게 그들이 계속 관리가 되어 범죄를 저지르는 것도 줄어들 것이며 그 힘이 모두 모여 검사를 윗자리로 올리게 된다. 그런데 그런 공부를 하지 않다 보니 나중에 어떻게 되느냐? '생활이 그대를 속일지라도'라는 말이 있듯이, 이 나라는 검사가 봉급만 가지고 풍족하게 생활이 되게끔 환경이 만들어져 있지 않다. 그러다 보니 일부 검사들이 검은 돈에 손을 대어 자신도 범죄자가 되는 것이다.

　이처럼 검사는 도둑을 무조건 멀리 할 것이 아니라 가까이에 두면서 자신의 공부로 삼고 사랑할 줄 알아야 한다. 도둑을 내 자식같이 사랑할 때 자신의 공부가 끝나게 되며 그렇지 않다면 다음 생에 또 검사를 하든지 아니면 도둑으로 태어나야 한다. 왜? 깨치지는 못하고 군림만 하다 갔으니 계속 그 공부를 하거나 역할을 바꿔서 해야 하는 것이다.

　법조인들이 범죄자를 사랑할 수 있을 때 명판결이 나온다. 선입견이나 감정에 치우치면 바른 판결을 할 수 없다. 진짜 사랑하는 것은 용서하는 것이 아니라 그 자가 잘못한 만큼 그것을 공부하며 깨우칠 수 있도록 어려움도 주는 것이다. 이는 부모가 잘못한 자식에게 회초리를 드는 것과 같은 이치이다.

　잘못하는 사람을 만들어내는 데에도 엄청난 대자연의 에너지가 들어간다. 잘되게 도와주는 데에만 에너지가 들어가는 것이 아니라 범죄자를 만들어 내고 사자(使者)짓을 하게 하는 데에도 오히려 더 많은 에너지가 들어간다. 쓸데없는 일이라면 무엇 때문에 에너지를 더 많이 써가며 만들어 내겠느냐? 더 중요하니까 그렇게 하는 것이다. 그러므로 한 쪽의 잣대를 갖다 대어 죄인이라고 할 것이 아니라 그 자가 왜 그런 일을 할 수밖에 없었는지 연구하고 검토하는 것이 진정한 법조인이 해야 할 일이다. 그런데 그들이 해야 할 일을 하지 않아 이제까지의 이러한 모순들을 정리하여 정답을 내놓은 논문 한 편이 없는 것이다. 그러니 범죄자가 시간이 흐를 수록 수십, 수백 배로 불어나는 것이다.

법조인들은 이미 나와 있는 판례와 같은 사법(司法)을 보고 단죄하고 있으나 현재 쓰고 있는 사법은 완전법이 아니다. 이런 환경에서 일어난 사건은 이런 판례가 나왔으니 참조하라는 것이지, 그것을 법으로 묶어 계속 그대로 적용하라는 것이 아니다. 만약 그대로만 한다면 로봇이 아니냐? 범죄사실을 법조항에 맞추어 형만 선고하려면 컴퓨터로 사주를 보듯 컴퓨터로 판결할 수 있고 또 수사관만 있으면 되지 검사가 있을 필요가 없다. 그러므로 법조인은 여기에서 공부를 하여 더 우수한 법을 꺼내 놓아야 제 역할을 오롯이 다 하는 것이다. 검사든, 판사든, 의사든, 교수든 지금 이대로 가면 누구도 존경받지 못한다.

매일 범죄자들을 대하는 교도관들도 마찬가지이다. 그들은 퇴근시간이 되면 집에 가지만 매일 감방에서 사는 것과 다름이 없다. 죄인들은 문을 잠가 놓아서 갇혀 있지만 교도관들은 자유로이 풀어놓아도 스스로 들어와 갇힌다. 그러면서 자신이 갇혀 있는 줄도 모르고 죄인들을 지킨다고 한다. 자신이 왜 이 직업을 택하여 이 안에 갇혀있는지 그 원리를 깨우쳐야 한다.

교도관들은 하루 종일 죄인들과 같이 있지 않으냐? 그러면 그 속에서 죄인들의 말을 하나, 둘 듣게 된다. 그리하여 1년 만에 어느 만큼의 용량이 차게 되고 2년 만에 또 어느 만큼 차서 3년이 되면 상당히 용량이 커져 있다. 이런 것들을 다 들으면서 자신의 공부로 삼아 사회가 왜 이렇게 되고 있는지 그리고 자신의 역할이 무엇인지를 되짚어 보아야 한다. 그런데 만날 '싸움하지 말고 조용히 해!'라고 소리치며 완장 찬 놈 행세만 하니 평생을 가도 깨치지 못하고 그 일에서도 벗어나지 못해 다음 생에 또 그 일을 해야만 하는 것이다. 그 일을 통해 자신이 깨우쳐 바르게 살아나가는 원리를 찾아 책으로 써내면 이것으로 사회의 그늘진 곳을 살려낼 수 있는데 이런 것을 모르니 어찌 업을 벗을 수 있겠느냐? 그러니 인생무상이 되는 것이다.

모든 사람이 어떤 부류의 사람들을 접하는 데에는 반드시 이유가 있다. 특히, 판검사부터 의사나 경찰들까지 특수직에 있는 사람들은 그곳에서 일하는 특별한 이유가 있으니 그것을 공부하고 깨우쳐 그 힘으로 사회를 일깨워 어렵게 사는 사람들을 전부 다 기쁘게 살도록 만들어 주어야 한다.

오늘은 사회정의와 관련된 특수직을 풀다 보니 비교적 민감한 부분을 다루게 되었다. 그래서 심오하게 다루어야 하는 것을 짧은 시간에 다루다 보니 오해의 소지도 있을 수 있다. 후일 이 분야에 종사하는 사람들이 직접 물어오면 그때 더 자세히 풀어주겠다.

제2강 세상의 모든 1등에게

問

아이가 음악에 재주가 있어 그 재주를 키워 주고 있습니다.
욕심인지 모르겠지만 이왕이면 아이가 두각을 나타내어
그 분야에서 1등을 했으면 합니다.
부모로서 어떻게 뒷바라지를 해주어야 하는지 가르쳐 주십시오.

答

세상을 보는 안목도 1등이 되어야 한다.

 지금 부모들은 자식이 재주가 있으면 무조건 1등을 하라고 부추기기만 하지 정작 1등이 되고 나서는 어떻게 해야 하는지 모르고 있다. 다시 말해, 1등이 되는 것이 중요한 것이 아니라 1등이 된 후가 훨씬 더 중요하다는 말이다.

 1등이 되면 세상에 이름을 알릴 뿐만 아니라 다른 분야에서 1등하는 사람을 만날 수 있는 기회도 주어진다. 지금 이 나라를 보면 국제대회에 나가 1등을 하면 청와대에서 그들을 부르지 않느냐? 왜 그러한가? 대통령도 자신의 분야에서 1등이기 때문이다.

 1등은 1등끼리 놀게 되어 있다. 어디에서든지 1등으로 올라가면 자기 분야, 자기 자리에서는 친구가 없어 외롭다. 그래서 다른 분야에서 누군가가 1등을 하면 그 사람을 불러 자신이 부족한 것을 배우고 싶어 한다. 그래서 국제적으로 1등이 되면 대통령이 부르는 것이다.

그때 대통령과 만나면 어떻게 해야 하느냐? 대통령과 대화가 통해야 한다. 대화가 통하면 친구가 되고 교류를 하게 된다. 그런데 공을 잘 차서 1등이 되었다 하여 대통령과 대화를 할 때 공차는 이야기만 한다면 대통령과의 만남은 한 번으로 끝이다. 설사 그 후로 우승컵을 두 개, 세 개 더 받는다고 하여도 절대 다시 부르지 않는다.

재주로 자신의 분야에서 1등을 하려면 세상을 보는 것 또한 1등이 되어야 한다. 1등이 되면 세상 각 분야의 1등을 만나 교류를 하게 된다. 그때 그 힘을 모으면 세상에 못할 것이 없다. 그런데 다른 1등과 만나 대화가 통하지 않으면 그것으로 끝난다. 특히 요즘은 어린 나이에 1등을 많이 하다 보니 내면의 갖춤이 부족하여 다른 분야의 1등과 지적(知的)인 대화를 하지 못하고 있다. 그들에게는 갖출 수 있는 경제도 주어지고 또 교육 분야의 1등을 만날 수도 있기에 얼마든지 우수한 교육을 받을 수가 있다. 이때 교육이란 학교 교육을 의미하는 것이 아니다. 주위에 보이고 들리는 모든 것이 교육이 될 수 있다.

골프를 하더라도 조금만 각(覺)을 달리 둔다면 해외로 골프 시합을 다닐 때, 골프 외에도 알게 모르게 접하는 모든 것을 통해 국제적인 감각을 키울 수 있다. 시합을 위해 오가며 접하는 국제적인 이슈가 전부 공부거리가 되고 교육이 된다. 그때 그들을 이끌어 주는 스승이 있다면 "해외에 나가서 한시라도 시간을 헛되이 보내지 말고, 보이고 들리는 모든 것을 전부 다 흡수하라"고 가르쳐 준다. 그러면 그 흡수된 많은 정보와 지식이 양에서 질로 변하니 문리가 터지게 되어 국제적인 시야도 열리고 내공도 쌓이고 갖춤도 커지게 되어 누구와도 지적 대화가 가능해지는 것이다.

좀 더 구체적인 예를 들어보면, 당신이 국제 골프대회에서 1등을 하였다고 하자. 그것을 보고 어느 나라의 대통령이 당신을 초대했다. 처음에는 식사를 하며 가볍게 이야기를 나누다 어느 정도 시간이 흘러 대화가 무르익으면 당신이 "제가 한 말씀 드려도 되겠습니까?" 하고는 대통령에게 물어 본다. 그러면 대통령은 하라고 할 것이다. 이때 인류평화라든지, 국제 정세라든지, 그동안 당신이 관심을 가지고 보고 들었던 것에 대해 이야기를 하는 것이다. 대통령은 최고의 정치인이라 이런 것을 훨씬 더 많이 알고 있어 당신의 말이 먹히지 않을 것 같지만 오히려 대통령이 최고로 어둡다. 비서들이 올리는 보고서나 직언들은 판에 짜인 것들이고, 그나마도 중간 중간에서 다 걸러져 올라온 내용이다 보니 대통령은 많은 부분을 알지 못한다. 그런데 비록 전문가는 아니지만 당신이 국제적인 시합을 통해 경험하며, 느끼고, 배웠던 생생한 것을 이야기하니 그 말이 대통령의 귀에 쏙쏙 들어가게 된다. 그래서 대통령은 미처 생각하지 못했던 것에 눈을 뜨게 되고, '공만 잘 치는 줄 알았더니 뭔가 사람이 신선하다!'고 생각하게 된다. 그리하여 다음에 꼭 한 번 더 만나자고 한다. 그렇게 되면 처음에는 30분을 만났지만, 다음에 만날 때에는 기본적으로 2시간은 만나게 된다. 만약에 그가 미국 대통령이라면 그의 2시간이 얼마짜리일 것 같으냐? 미국 대통령의 시간은 어마어마하게 큰 시간이다. 그리고 두 번째 만나서 대화를 나누게 되면 처음보다 조리있게 대화를 하여 더 지적인 아이템을 줄 수가 있다. 그 2시간 동안에 당신의 지식과 정보, 사상을 대통령에게 주어 대통령이 그 아이템을 이 세상에 펼치면 이것은 누가 펼친 것이냐? 당신이 펼친 것이 된다. 그 아이템으로 대통령은 더 지적인 일을 하여 또 인기를 얻게 된다. 그러면 다음에 또 부르게 된다. 이제는 당신에게 이틀만 있어 달라고 부탁까지 하게 된다. 그리하여 미국 대통령과 함께 하며 골프도 같이 치고, 별장에서 식사도 같이 하면서 당신이 세상 바라보던 것을 설계하여 내어 주면, 미국 대통령이 당신 대신 정치를 펼치는 것이 되니 그 일은 당신이 한 것이나 마찬가지이다. 그렇게 되면 미국 대통령과 친구가 되고, 그가 어려울 때에는 당신과 대화를 하려고 하게 된다.

그러나 당신의 갖춤이 부족하여 단지 골프 재주만 부리고 말았다면 미국 대통령과 친구할 수 있는 기회를 놓치게 된다. 그때부터는 당신이 한꺼번에 우승컵 30개를 받아도 미국 대통령은 당신을 부르지 않는다. 한 번으로 면접이 끝나 버린 것이다. 또한 당신이 그렇게 함으로써 그 뒤를 따라오는 후배들의 길도 다 막아 버린 꼴이 된다. 이처럼 앞의 사람이 어떻게 하느냐에 따라 그 뒤가 결정되는 것이다. 지금 이런 꼴이 나고 있는데도 이것을 제대로 보는 사람이 없다.

세계 1위가 되면 세상의 주목을 받아 자신을 알리고 인류의 찬사를 받게 된다. 이것은 곧 인류의 에너지를 먹는 것이다.

그렇다면 그는 무엇을 해야 하느냐?

인류를 위한 공인이 되어 지적으로 뜻있고 보람 있는 일을 해야 한다. 인류는 이것을 그에게 바라는 것이다. 그렇게 될 때 지도자 대열에 올라서게 되고 인류로부터 존경도 받게 된다.

이를 위해 스승과 부모는 그가 세상에 꼭 필요한 사람이 되도록 잘 이끌어 세상에 이바지할 수 있도록 해주어야 한다. 그렇게 하지 못한다면 시간이 지나 결국 코치나 하며 평범한 일상으로 돌아가 결국에는 일반 사람보다 더욱 힘들게 세상을 살게 되어 과거의 화려했던 전성기만을 돌이키면서 사람들의 뇌리에서 잊혀지게 되는 비참한 삶을 살아가게 된다. 이렇게 되기 위해 그토록 힘든 훈련을 견뎌내고 어려움도 참아가며 1등이 되고자 하였더냐?

지도자는 스승을 만나야 되고 일꾼은 선생을 만나야 한다. 그런데 지금은 지도자도 선생에게 배우고 일꾼도 선생에게 배우고 있다. 그러니 이런 것을 알 수가 없는 것이다. 또한 지금은 그런 지도자를 가르칠 스승도 없다.

앞으로는 자식을 키워도 무조건 1등을 하라고 해서는 안 되며, 이름을 날리고 돈을 많이 벌기 위해 1등을 하라고 해서도 안 된다. 1등이 되면 각 분야의 1등이 인연으로 다가오게 되는데, 이때 그들과 어깨를 나란히 하여 친구가 되어 교류할 수 없다면, 자식의 인생은 그때부터 건달이 된다.

1등이 되어 국민의 찬사를 받았다면 그에 걸맞는 지적인 일을 해내야 한다. 이것을 알고 부모는 자식의 재주를 훌륭하게 꽃 피워냄과 동시에 세상을 보는 안목도 키우고 자신의 내면도 함께 갖출 수 있도록 이끌어 주어야 한다.

제3강 2013년, 이 나라의 대통령은?

問

대통령 선거가 앞으로 2년 정도 남았습니다.
그런데 벌써부터 출마 예상자들의 행보가
국민의 입에 오르내리면서 관심을 끌고 있습니다.
올바른 대통령이 나와야 국민들의 삶이 나아질 것이라고 생각이 됩니다.
2013년부터 이 나라를 이끌고 갈 대통령은 어떠한 사람이어야 하는지
가르쳐 주십시오.

答

임금의 품성으로 국민을 사랑해야 한다.

허허, 기업하는 사람이라 정치에도 관심이 많구만. 하긴, 대통령이 누가 되느냐에 따라 기업을 운영하는 데에도 영향을 많이 받으니 당연하겠네. 대통령에 대해 물었으니 오늘 조금이나마 풀어보자.

2013년에 대통령이 되려고 하는 사람은 지금부터 준비해도 시간이 그렇게 많이 남은 것은 아니다.
그런데 여기서 대통령 출마 준비라는 것이 지금은 여기저기 사람을 끌어 모아 내 편으로 만들고, 조직을 갖추고, 선거 비용을 마련하는 것으로 다들 알고 있는데 그런 것은 대통령 준비가 아니다.

대통령을 하겠다고 하면 제일 먼저 무엇을 준비해야 하느냐? 자신을 갖추어야 한다. 즉, '나는 국민을 이끌어 갈 수 있는 갖춤을 가지고 있는가?' '대통령이 되면 무엇을 할 것이며 이런 것을 내가 할 수 있겠는가?'를 생각하며 스스로 돌아보고 모자람이 있다면 그것을 공부하여 갖추어야 한다. 그리고 '진정 국민에게 필요한 것이 무엇이며 우리가 노력을 했음에도 불구하고 어렵고 힘든 이유가 무엇인가?'와 같이 지금 이 나라가 직면해 있는 문제에 대해 구석구석 살펴야 한다. 이러한 자가 진정 국민을 위하는 자이다.

이렇게 국민을 위하는 마음으로 자신을 갖춘 자에게는 국민의 어려움을 해결할 대안과 앞으로 나아갈 방향이 보인다. 그러면 그것을 구체적으로 구상하여 정책대안을 준비하게 된다. 이렇게 준비를 한 자는 대자연이 도와 반드시 그만한 힘과 일꾼을 주어 주위가 스스로 일어나게 한다. 이것이 바로 대통령 출마 준비이다.

그런데 자신은 갖추지 않고 돈이나 사람 모을 준비만 하면서 어찌 대통령이 되고자 한다는 말이냐? 대통령으로서 갖추어야 할 것을 갖추며 노력하는 자는 당연히 국민을 이끌 수 있는 높은 마인드를 가지게 된다.

그런데 지금까지는 어떠했느냐? 대통령의 마인드가 국민의 마인드와 차이가 없었다. 이 말은 대통령으로서의 갖춤을 갖추고 대통령을 하는 것이 아니라 국민과 비슷한 수준의 마인드를 가지고 도토리 키 재기를 하다 대통령 자리에 가 있다는 것이다. 이것이 문제이다. 그러면 과연 이 사람이 대통령이냐? 아니다. 자리가 있으니 그냥 거기에 있는 사람이다.

대통령은 국민과 정확하게 차이가 나는 법이다. **대통령은 국민의 심정과 국민이 앞으로 가야 할 방향을 알아 그 길을 제시하여 이끌어 주어야 한다.** 즉, 국민에게 물어서 일하는 것이 아니라 대통령이 이끌면 국민은 따라가는 것이다. 그런데 '국민과의 대화'를 하며 여론대로 하겠다고? 국민에게 일일이 물어 국민이 하자는 대로 하는 것은 중학교 3학년도 할 수 있다. 여론을 모아서 그대로 가는 것을 누가 못 하겠느냐?

대통령의 자격을 갖춘 자라면 국민과 대화가 될 수 없다. 국민 마인드는 저 밑에 있고 대통령 마인드는 저 위에 있는데 어찌 대화가 된다는 말이냐? 대통령이 국민보다 높은 마인드를 가지고 바르게 이끌면 국민은 항상 대통령이 하는 일의 시너지를 보고 "훌륭하신 우리 대통령!" 하고 감탄하며 따라갈 뿐이다. 그만큼 대통령은 국민과 차이가 나야 한다.

대통령의 질량은 국민의 질량을 다 합친 것과 같다. 그래서 대통령이 잘못하여 국가가 추락하고 국민이 어려우면 대통령 가슴이 '철렁' 내려앉고 인기가 '뚝뚝' 떨어지는 것이다. 그런데 그런 자리에 지금은 '저런 대통령이라면 나도 하겠다' 싶어 국민과 마인드가 비슷한 자가 그 자리에 가 있다. 그런 마인드를 가지고 거기에 갔다면 국민의 무게를 이겨내겠느냐? 당연히 이겨내지 못한다.

역대 대통령의 경우를 보더라도 이 말이 무슨 뜻인 줄 알 것이다. 대통령에 당선되면 처음에는 인기가 70% 이상 올라가 있다. 그런데 딱 3년만 되면 정확하게 30%로 떨어진다. 그러다 4년 지나면 20%, 5년 끝낼 때는 10% 대로 뚝 떨어진다. 이것은 정확한 하늘의 소리이다. '민심이 천심'이라는 말도 있지 않더냐? 대통령의 지지율이 30% 밑으로 떨어졌다는 것은 생각이 단순한 무지렁이들도 등을 돌렸다는 말이다. 지금까지 역대 대통령들 중에서 그렇지 않았던 사람이 어디 있더냐? 그런데 앞으로도 계속 그렇게 하겠다는 말이냐?

대통령은 그 자리에서 대통령의 일을 바르게 하여 국민으로부터 존경을 받을 때, 비로소 진짜 대통령이 되는 것이다. 그래서 중요한 것은 대통령 자리에 가는 것이 아니라 자신을 얼마나 갖추고 그 자리에 가서 무엇을 하느냐이다.** 이때 잘했다면 분명히 국민으로부터 갈채와 존경을 받고 내려올 것이고 잘못했다면 정확하게 지탄을 받고 내려오게 될 것이다.

말씀을 듣고 보니 지금까지는 존경받고 내려온 대통령이 없었던 것 같습니다.

그것은 그들의 잘못이 아니다. 그들을 가르칠 스승이 없었던 것이다. 스승이라면 찾아온 대통령에게 대통령이 해야 할 일이 무엇인가를 가르쳐 주어야 한다. 즉, 지금 이 나라가 가야 할 방향을 제시해 주고, 국민이 열심히 노력하여 이루어 놓은 것을 어떻게 운용해나가야 하며, 앞으로 국민에게 어떠한 희망을 주어야 하는지를 가르쳐 주어야 한다. 그래서 국민으로부터 존경을 받도록 이끌어 주어야 한다.

이것은 대통령뿐만 아니라 회장과 같은 최고 지도자들에게도 마찬가지이다.

나라를 이끌고 갈 지도자는 반드시 스승을 만나 이러한 가르침을 받아야 한다.

그러면 앞으로 대통령으로서 반드시 갖추어야 할 가장 중요한 덕목은 무엇입니까?

다가오는 2013년부터 이 나라를 이끌어 갈 대통령은 임금의 품성으로 국민을 사랑해야 한다.

임금은 백성을 사랑하고 백성을 위해서 사는 사람이다. 백성을 사랑하지 못하는 자는 백성의 마음을 알 수가 없다.

마찬가지로 대통령이 국민을 사랑하지 않고서는 국민 삶의 질을 좋게 할 수도 없고 이끌어 줄 수도 없고, 어려움을 풀어 줄 수도 없다. 국민이 대통령을 따르게 하려면 대통령은 국민을 사랑해야 한다. 그 범위 역시 작게는 국민과 나라를 사랑해야 하고 크게는 인류를 사랑해야 한다. 앞으로 글로벌 세상이 아니냐? 인류 없이 우리끼리 살아갈 수는 없다. 인류를 품어 안고 인류를 사랑할 때 비로소 우리의 나아갈 바가 바르게 보이는 것이다.

그런데 임금과 왕과 대통령의 차이를 모르는 사람이 많다. 짧게 말하면, 대통령은 국민의 일꾼으로 국민을 섬기는 자이며 왕은 국민의 우두머리로 자기 식대로 국민에게 따라오라며 힘으로 통치하는 자이며 임금은 백성을 자식과 같이 사랑하고 보살피며 이끌어 주는 백성의 어버이다. 이처럼 엄연히 다르다.

지금 대통령이 일꾼이고 국민이 주인이라고 하는데, 어찌 일꾼이 주인을 사랑하고 이끌어 주며 주인의 마음을 헤아릴 수 있겠느냐? 국민이 대통령을 존경할 수 없는 것도 지금까지 대통령이 일꾼이었기 때문이다. 주인이 일꾼을 존경하는 법이 있더냐? 일꾼은 아무리 잘해도 칭찬은 받을지언정 존경은 절대 받지 못한다. 그래서 대통령은 일꾼이 되어서는 안 된다.
그리고 대통령은 스스로가 '국민의 일꾼으로 국민을 섬긴다' 하고, 국민은 대통령을 '나라의 지도자'라고 하는데, 이 두 표현에서도 모순이 있음을 단번에 알 수 있다. 이러한 모든 것이 대통령에 대한 정의가 아직 제대로 나와 있지 않기 때문이다. 이제는 대통령에 대한 정확한 의미를 바로 잡아야 한다.

대통령이 일꾼이 아니라면 나라에서 주는 봉급도 수령하면 안 된다. 지금까지 서양에서 들어온 방식대로 하다 보니 대통령이 봉급을 받았지만 이제는 이것도 바로 잡아야 한다.
대통령이 일하는 데에 필요한 비용은 전부 나라에서 대주고 대통령직에서 물러나면 평생 연금도 주지 않느냐? 그런데 무슨 돈이 더 필요하단 말이냐? 땅 투기하려고? 설령 봉급을 받아 어디 어려운 데에 다 기부한다 할지라도 국민이 내는 세금으로 일단 봉급을 받는 한 일꾼에서 벗어날 수가 없다.

관료는 봉급을 받지만 임금은 봉급을 받지 않는다. 그래서 관료는 임금만큼 힘을 쓸 수가 없다. 임금은 녹(祿)을 먹지 않고 백성을 위해 살기 때문에 백성의 어버이인 것이다.

지금까지의 대통령은 일꾼으로서 대가를 받았고, 그만큼 일을 못하니 국민으로부터 질책을 받은 것이다.

이와 같이 같은 자리를 가더라도 어떻게 바라보고 각을 세우느냐에 따라 의미는 천지 차이로 달라진다. 공적으로 바라 보는 자는 공인(公人)이고 사적으로 바라보는 자는 사인(私人)이다.

한 번 더 강조하지만, 백성을 위하는 마음으로 바라보는 자는 임금이고 더 나아가 인류를 위하는 마음으로 바라보는 자는 인류 지도자이다.

앞으로는 대통령이 국민의 일꾼으로 국민을 섬기는 것이 아니라, 임금의 품성으로 돌아가 국민을 이끌어야 한다.

앞으로 대통령은 자신을 갖추고 임금의 품성으로 백성을 사랑하는 사람이 되어야 한다고 하셨는데, 그런 사람을 국민이 어떻게 알아보고 뽑을 수 있겠습니까?

―

지금과 같은 상황에서는 그런 사람이 있더라도 국민이 제대로 알아보기 어렵다. 이것이 무엇 때문이냐? 선거제도라든지 선거운동 방법이 잘못되었기 때문이다. 그래서 선거문화 자체에 대한 획기적인 변화가 필요한 것이다. 선거문화를 바꾸지 않는 한 애당초 이 나라는 바로 가기 틀렸다.

지금 선거문화가 어떠하냐? 선거철이 다가올 때마다 대통령 출마 예상자들이 물밑으로 작업을 하다가 후보 등록을 딱 하면 그때부터 난장판이 벌어진다. 여러 가지 정책안을 급하게 만들어 엄청나게 포장해서 쏟아내고 "네 것은 나쁘고 내 것이 좋다" 하며 목소리를 높인다. 그리고 지난 선거에 나온 사람이 또 나와서 똑같은 정책버전을 지겹도록 설명하고 한쪽에서는 후보자들끼리 속닥속닥하다가 갑자기 단일화했다고 깜짝쇼를 한다. 더구나 전혀 모르는 사람이 대통령 후보라고 나와서는 선거를 웃음거리로 만들어 품격을 떨어뜨리고 있다. 그러면서 국민에게는 후보자들에 대한 정확한 정보도 주지 않고 이런저런 소문만 돌아다니고 인기를 끌기 위한 헛 공약만 남발하니 국민이 거기에 속고 또 속는 이런 일들이 지금까지 얼마나 반복되었느냐?

　선거운동 또한 지금은 대통령이 되려고 하면 국민에게 도와달라고 부탁을 한다. 대통령이 국민에게 왜 혼나는 줄 아느냐? 국민에게 돌아다니며 한 표를 부탁해서 찍어주었는데 돌아오는 것이 없으니 아우성을 치는 것이다. 부탁을 했으면 뭐라도 좀 주어야 하는 것이 아니냐? 그렇게 부탁하는 자가 어찌 대통령을 한다는 말이냐? 따지고 들어가면 한 표 부탁하는 것은 구걸이다.

　부탁하는 것은 빚쟁이가 되는 것으로, 상대에게 부탁을 했다면 너도 상대의 부탁을 들어주어야 한다. 지금 나랏일이 잘못되어 가는 것이 대통령이 되고 나면 선거운동을 할 때 돈 대준 사람, 힘 실어 준 사람들의 자리를 챙겨주기 바쁘기 때문이다. 그렇게 하는데 어떻게 인사(人事)가 바로 되고, 나랏일이 바로 되겠느냐? 그런 식으로는 절대로 안 된다. 자신을 밀어준 사람들 자리만 챙겨주더라도 5년 가지고는 어림도 없다.
　지금 미처 다 챙겨주지 못하니 뒤에서 얼마나 불만들을 많이 하느냐? 그래서 또 다시 입을 다물게 하려고 그쪽에 신경 쓰니 정작 나랏일에는 그만큼 신경을 못 쓰게 되는 것이다. 대통령 일은커녕 매번 그렇게 하다가 5년 가고 또 뽑아주면 또 그렇게 하다가 5년 가고….

선거운동의 행태 역시 길거리에 나가 "저를 대통령 시켜주십시오. 한 표 찍어 주십시오" 하며 손이나 잡고 어깨에 띠를 두르고 차량 위에 올라가 춤이나 추고 쇼를 하고 있다. 코미디언이냐, 딴따라냐? 도대체 뭐하는 짓이냐? 지도자를 할 사람이 어찌 길거리에 나가서 손을 내밀고 부탁을 하고 이리저리 흔들고 있단 말이냐? 이렇게 시대에 뒤떨어진 짓을 아직도 하고 있다.

지금처럼 구태의연한 선거로는 나라를 바르게 이끌고 갈 대통령을 국민이 알아보고 선택할 수가 없고, 찍어 달라고 부탁해서 대통령이 되는 것은 앞으로는 더 이상 의미가 없다.

그렇다면 선거를 어떻게 해야 합니까?

선거를 바르게 하려면 먼저 2년 전부터 준비를 해야 한다. 지금 대통령이 5년의 임기동안 일을 하는데 3년을 하고 나면 그 뒤의 2년은 다음 선거의 준비기간이다. 그때는 앞사람이 한 일에 대해 어느 정도 분별이 나오면서 평가도 받고 그에 따라 뒷사람이 나올 준비를 하게 된다. 그래서 2년 전부터 선거운동을 한다고 보면 된다. 그러나 지금처럼 이런 선거운동을 해서는 안 되고 선거문화에 대한 신(新) 패러다임이 나와야 한다.

신 패러다임이란 실력으로 국민 앞에 자신의 설계를 당당하게 제시하여 평가받는 것이다.

앞에서 대통령이 되려면 자신을 갖추는 공부를 해야 한다고 하지 않았느냐? 제대로 공부했다면 그 자는 이미 세상에 필요한 것을 내어줄 준비가 되었을 것이다. 그것을 발표하기만 하면 된다. 즉, 자신의 국정 운영 철학을 대통령 선거 2년 전부터 국민 앞에 책으로 써서 내놓아야 한다. 그 순서는 가장 중요한 경제부터 시작하여 복지, 교육, 건설, 환경, 통일, 문화의 순서로 하면 된다. 이때 경제와 복지가 가장 중요하다. 경제와 복지는 한 쌍으로 이 둘을 어떤 방향으로 이끌고 나갈 것이냐에 따라 나머지는 다 따라오게 되어 있다. 그렇게 7가지 정도의 분야를 다루어 적게는 3권에서 많으면 7권까지 책으로 내놓아야 한다. 그러면 국민은 그 사람의 운영 철학을 책으로 읽어서 알게 되고 그 내용이 국민의 가슴에 와 닿고 한 버전(version) 높은 사상이 담긴 것이라면 국민의 인기와 지지를 한 몸에 받게 된다.

이렇게 대통령에 출마하려는 사람은 국민 앞에 당당하게 나와 자신을 검증받아야지 후보 등록일이 다 되어갈 때쯤 출마할 것인지 안 할 것인지 눈치나 보면서 슬그머니 나와서는 안된다.

그 다음은 정확하게 선거일 1년 전에 선거관리위원회라든지 아니면 특별히 만들어진 선거기관에 후보 등록을 해야 한다. 이때 "나는 이 나라를 이렇게 보며, 이 나라의 잘못된 것이 무엇이며 어려워진 원인이 무엇이며, 앞으로 이 나라는 어떻게 나아가야 하며, 나는 어떠한 방법으로 이끌어 나가겠다"는 것을 논문으로 작성하여 제출하여야 한다.

이것은 국회의원 선거, 시장 선거, 동장 선거 등 모든 선거에도 마찬가지이다.

나라를 위해서 자신이 걸어가야 할 포부를 밝히는 논문 하나 제대로 쓰지 못한다면 그 사람은 대통령이 될 자격이 없다.

이런 방법으로 논문을 제출하고 1년 전에 등록을 하고 나서 1년을 100일, 100일, 100일 또는 90일, 90일, 90일로 나누어 청문회나 토론회를 여는 규정을 정해 후보자가 제출한 논문에 대해 사회 각계의 인사들이 질문을 하여야 한다. 그래서 직접 쓴 것인지, 거짓말로 쓴 것인지 또는 실력이 없으면서 그냥 말만 써놓은 것인지를 정확하게 다 밝혀내야 한다. 그러면 말로만 써놓은 것이나 누구에게 시킨 것이라면 허점이 다 나오게 되고 이런 방식으로 세 번을 걸러내면 실력 없는 자들은 선거 전에 미리 우르르 다 떨어지게 된다.

이렇게 논문을 제출하여 검증된 사람들만 후보가 되어야 하며 아무나 나오게 해서는 안 된다.

이때 논문에 대한 질문이 진행되는 과정 속에서 떨어진 사람은 어디에도 손을 대면 안 된다는 것까지 정해 두어야 한다. 나랏일에도 손을 대면 안 되고, 누구의 편이 되어서도 안 되고, 선거운동을 해서도 안 된다는 것들을 선거법에 반드시 들어가게 하여 만약 이를 어기면 선거법 위반이 되도록 해야 한다.

출마를 할 때에도 국민에게 큰 신뢰가 있어야 하고, 만약 신뢰 없이 출마하여 중간에서 내려갔다면 자중하고 있어야 한다. 그리고는 다음을 기약하고 모자라는 것을 채우기 위해 공부를 해야 한다.

그런 식으로 몇 번의 토론을 거쳐 정리가 되면 남는 사람들이 있다. 이 사람들이 이제 미디어를 통해서 계속 서로의 논문과 공약으로 경쟁을 해야 한다. 이것을 국민이 쳐다보고 투표를 하면 되는 것이다.

지금 세상이 어떤 세상이냐? 미디어 세상이다. 나라 돌아가는 것을 각 가정에서도, 길을 가다가도 미디어를 통하여 다 보고 있다. 요즘은 스마트폰으로도 다 볼 수 있다며? 이렇게 후보자가 나라 설계를 제시하면 국민은 이것을 바르게 점검하는 식으로 미디어 선거운동을 해야 한다. 그러면 당선을 위한 헛 공약 남발도 없어지게 되고, 지금과 같이 막대한 선거 자금도 필요하지 않게 되고, 당선자가 선거법 위반으로 고발되는 등의 불미스러운 일 또한 일어나지 않게 되고, 국민도 국정에 많은 관심을 가지게 되어 투표율도 높아지게 된다.

이와 같이 선거법 하나가 바뀌면 나라가 엄청나게 달라진다. 지금의 선거운동은 서양에서 하는 것을 이 나라에 들여와서 그대로 하고 있는 것이다. 따라서 잘못된 것이 있다면 점검을 해서 바르게 내주어야 된다. 우리가 바르게 만들어 잘 쓰고 있으면 그 사람들이 깜짝 놀라게 된다.

이것이 정치 선진화이다.

스승님 말씀을 듣고 보니 우리 모두가 대통령에 대해서 너무나 모르고 살았던 것 같습니다.

모르니까 다들 헤매는 게지. 당신들은 지금 들어서 알았지만 이 말을 듣지 못한 사람은 모르니까 또 엉뚱한 짓을 하며 돌아다닐 것이다.

지금은 우리 지도자의 상(象)조차도 나와 있지 않다. 그러다 보니 대통령이 해야 할 일이 무엇인지 모르고 있다. 국가 일은 국무총리가 하는 것이지 대통령이 하는 것이 아니다. 이것을 지금 우리뿐만 아니라 국제사회도 아직 정확하게 모르고 있다. 이제부터 이 사람이 이 시대의 대통령은 어떠한 일을 해야 하는지 멋진 지도자 상을 세상에 내줄 것이다.

지금 이 나라는 국제사회의 약 200여 나라와 수교를 맺고 있다. 대통령이라면 이 수교국의 대통령들과 국제 정세를 논하는

대화를 하면서 교류하여야 한다. 즉, 대통령끼리 놀아야 한다는 말이다. 대통령은 대통령과 대화를 해야 하며, 그 속에 대통령의 할 일이 다 있다.

그들과 만나 의논하면서 서로 협조할 수 있는 것이라든지 그 나라를 위해서 우리가 도울 수 있는 것을 찾아서 대화를 해야 한다. 그러면 경제나 무역, 문화교류 등 나머지 일들은 덤으로 이루어지고 엄청나게 쉬워진다. 이해되기 쉽게 예를 들면, 대통령이 다른 나라를 방문하려면 적어도 석 달 열흘 정도에서 길게는 그 이상의 시간을 가지고 약속을 하게 된다. 대통령 아래에는 많은 인재들이 있지 않느냐? 그들로 하여금 방문국의 대통령과 국민과 기업들에 대한 시장조사를 하게 한다. 그리하여 그 나라 대통령의 제일 큰 걱정거리는 무엇이고, 그 다음 걱정거리는 무엇인지 순서대로 알아 큰 비용을 들이지 않고도 우리의 기운과 재주로 해결할 수 있는 방안을 선물로 들고 나가야 한다. 이처럼 물건을 선물로 가져가는 것이 아니라 사람 마음을 움직이는 선물을 가져가야 한다. 그러면 거래는 저절로 성사된다. 그런데 이렇게 하지 않고 풍산개를 들고 가서 '6자 회담하는 데에 협조 좀 해달라'고 부탁이나 하고, 경제 교류한다면서 경제인들을 잔뜩 데리고 가서 국가 세일즈를 한다며 수주 따낼 생각이나 하고 있다.

이처럼 한 나라의 수장이 되어서 수교국 대통령과 서로 득 되는 대화를 한 번씩이라도 해보지 않았다면 문제가 엄청나다. 물론 한 나라에 한 번씩 방문하려고 해도 임기 동안 빠듯하지만 최대한 잘 운용해서 해야 한다.

이렇게 대통령은 자신의 일에서 70%는 수교국의 대통령과 교류하면서 일을 하고 나머지 30%는 국내 일을 해야 한다.

국내에서 대통령의 할 일은 인사(人事)를 바르게 하여 그 사람을 믿어주고 할 일을 잘할 수 있도록 힘을 실어 주어 질서를 잡아주는 것이다. 그래서 나랏일은 국무총리가 전적으로 맡아 하고, 대통령은 국무총리에게서 올라오는 자료를 보고 바르게 갈 수 있도록 방향을 잡아주는 일을 해야 한다. 그리고 국무총리는 안에서 각 부의 장관들이 보고를 올리면 그것을 살펴보고 "아이구, 잘하시는구만. 그런데 이것은 이렇게 하면 더 좋겠습니다" 이렇게 하며 잘못된 것이 있으면 바로 잡고 의논하는 식으로 장관의 일을 30%만 관장해야 한다.

그리고 국무총리도 대통령과 마찬가지로 다른 나라의 국무총리와 대화를 해야 한다.

총리도 각 부처의 장관에게 일을 맡겨 놓았으면 믿어야 한다. 장관이 보고를 해왔다면 정확하게 30% 부족한 것이 총리의 눈에 보이게 된다. 이것도 3:7의 법칙이다. 그런데 이때 장관은 자신의 역량을 100% 다 발휘한 것이기 때문에 칭찬을 해주고 사기를 올려주어야 한다. 그러면 이 30%가 왜 부족하느냐? 총리의 몫이기 때문이다. 그래서 총리가 그 30%를 채워 대통령에게 결재를 올리면 대통령 또한 총리가 한 일에서 30% 부족한 것을 채워 주어야 한다.

그런데 이러한 원리를 모르다 보니 대통령이 무슨 일을 하고 있느냐? 총리 일을 뺏어서 하고 있다. 심지어 장관이나 국장일까지 뺏어서 하는 경우도 있다. 그러면 어떻게 되느냐? 총리는 할 일이 없어진다. 총리가 대통령에게 "그거… 제 일입니다"라고 할 수 있느냐? 그저 "예, 예" 하고 다 내주어야 한다. 그리고 총리도 그것이 자기 일인 줄도 모른다. 그러고 나니 총리가 장관의 일을 실실 가져가 하는 것이다. 그러니 또 장관이 할 일이 없게 된다. 그래서 또 어영부영 국장의 일을 가져다 하고, 또 국장은 그 밑의 과장 일을 뺏어서 한다. 이처럼 지금까지는 과장이 모든 일을 다 해놓으면 그것이 계속 올라가 위에서 발표를 해버리는 식이 되었다.

대통령은 최고의 일을 해야 한다. 국민에게 "아파트를 반값으로 해 주겠다" "우리나라가 몇 % 성장을 했으며…" 이런 소리를 하면 안 된다. 그런 브리핑은 관련 부서의 과장이 해야 한다. 그런데 아랫사람이 한 것을 가지고 나와서 윗사람이 한 것처럼 하고 있으니…. 지금 이 나라의 국무총리 이름 아는 사람이 몇 %나 될 것 같으냐? 각 부처 장관 이름 아는 사람은 또 몇 %나 되고? 70% 이상은 장관의 이름을 모른다. 그러면 국장의 이름을 아는 사람은? 10%도 안 된다. 그 밑에 제일 일 많이 하는 과장의 이름은 진짜 아무도 모른다. 온통 대통령 이름 하나밖에 모른다. 이래서는 안 된다. 각자가 자기 위치에서 바르게 일을 할 수 있도록 하여 국민 앞에 직접 그들이 설계한 것을 들고 나와 브리핑을 해야 국민이 어떤 사람이 어떤 일을 했는가를 알게 되고 잘했으면 칭찬도 해야 그들도 일하는 재미가 있는 것이다. 그런데 대통령이 전부 다 브리핑을 하려고 하니 지금 국민이 오만 트집을 다 잡는 것이다.

아랫사람이 해온 것은 프로젝트의 70%를 해온 것이다. 그래서 그 사람이 발표를 하면 몇 가지 질문만 나올 것인데 대통령이 발표를 하니 뭔가 맞지 않는 것이다.

대통령이 한 것이라면 아랫사람이 작성해 올린 70%에 부족한 30%를 대통령이 채워 100%가 되어야 한다. 그런데 아랫사람이 해온 것을 그대로 발표하니 부족해서 혼나는 것인데 이를 모르고 자꾸 국민에게만 뭐라고 하고 있다. 혼날 때에는 다 이유가 있다. 이처럼 한 나라의 대통령 역할은 매우 중요하다. 대통령 한 사람이 바로 서 있으면 그 밑의 사람들은 아무 걱정하지 않아도 된다.

이제는 국민도 지도자들도 대통령이 무엇인지 바르게 알아야 한다. 알아야 그에 맞추어 공부도 하고 세상을 바꾸어 나갈 것이 아니냐? 알면 누군가는 하게 되어 있다. 모르니까 지금까지 이대로 해왔던 것이다. 이제까지는 세상의 모든 모순이 나온 것이고 이제는 이것을 하나씩 정리해서 해결해 나갈 시기가 되었다.

다가오는 2013년은 인본시대(人本時代)가 열리는 매우 중요한 시기이다. 그때부터는 배우고 갖춘 만큼 스스로 힘이 생기게 될 것이고 그에 맞는 자리가 주어지게 될 것이다.

앞으로 이 나라의 대통령이 되는 자는 자신을 갖춤에 부족함이 없어야 하고, 국민을 내 자식과 같이 사랑해야 하고 아껴야 하며 적(敵)이 있어서도 안 되고 똑똑한 사람이어서도 안 된다. 그리고 어떠한 종교에 편향되어서도, 한 분야의 전문가이어서도 안 된다. 만약 그렇게 되면 편중된 시각에서 벗어나지 못하게 되어 큰 그림을 그릴 수가 없다. 그리고 넓은 품을 가지고 있어야 하며 더 이상 국민의 일꾼이 아니라 진정 백성을 위하는 임금의 마음으로 국민을 이끌어 가는 지도자라야 한다. 그래서 이 나라 뿐만 아니라 인류사회를 바르게 보고 미래에 나아갈 방향을 자신 있게 제시하며 이끌어 가야 한다. 이렇게 될 때 이 시대의 추앙받는 영웅으로 올라설 수 있고 이 나라도 기지개를 크게 켜고 인류사회의 주역으로 제 역할을 다하며 인류사회의 새로운 역사를 창조할 수 있다.

2013년 대통령에 이 나라의 명운이 달려 있다!

민족이여 깨어나라

Part 2

큰부자는 큰 생각을 하는 사람이고,
작은 부자는 작은 생각을 하는 사람이다.
어떤 마인드를 가지고 사느냐에 따라
부자로도 만들고 가난하게도 만든다.

제4강 큰 부자, 작은 부자

問

큰 부자와 작은 부자가 있다고 하는데,
저도 간혹 부자라는 소리를 듣지만
수천억 가진 사람에 비하면 매우 작습니다.
그래서 작은 부자가 아무리 노력을 해도
큰 부자가 될 수 없는 것인지 이에 대해 여쭙고 싶습니다.

答

큰 부자가 되고 싶으면 큰 생각을 하라.

큰 부자가 한 번 되고 싶은 모양이구만.

그냥 부자라고 하면 될 것을 왜 큰 부자, 작은 부자라는 단어로 나누어져 있을까? 그 둘은 분명히 다르기 때문이다.

큰 부자는 큰 생각을 하는 사람이고, 작은 부자는 작은 생각을 하는 사람이다. 작은 부자보다 더 작은 생각을 하는 사람은 일반인으로, 이들은 부자가 아니다.

그럼, 부자들의 큰 생각은 무엇이고 작은 생각은 무엇이냐? 작은 생각은 나와 내 가족을 위하는 것이고, 중간 생각은 이 나라를 위하는 것이고 큰 생각은 인류를 위하는 것이다. 그러니 큰 생각을 가진 사람은 항상 "나는 인류를 위해 살고 싶다"라고 말한다. 그래서 대자연에서 그렇게 되도록 해주는 것이다.

평소에 옆의 친구들이나 주위의 사람들에게 말하는 것이 곧 축원이다. 즉, 산에 가서 하든, 생활하는 곳에서 하든, 시장바닥에서 하든, 어디에서 하든 지금 말하고 있는 것이 축원이기에 작은 말을 하고 있다면 큰 에너지를 받을 수가 없다. 먹고살려는 사람에게는 딱 먹고살 것만 준다. 그런데 항상 뜻있는 일을 하기 위해 말을 한다거나 배우고자 하는 사람은 비록 지금은 아무것도 가지지 않았다고 할지라도 어느 시기가 되어 경제라든지 힘이 들어오기 시작할 때에는 그런 일을 할 수 있게끔 들어온다. 세상에 좋은 말이 있더구만. '입이 보살'이라고. 그러니 내 입으로 내가 무슨 말을 하고 있는지 이제는 되짚어 볼 때이다.

무엇을 생각하느냐가 너의 몸을 아프게도 하고 좋게도 하고 너를 부자로도 만들고 가난하게도 만든다. 즉, 무엇을 생각하느냐에 따라서 우리 인생이 바뀌는 것이다. 이때 억지로 좋은 생각을 하려 한다고 좋은 생각이 일어나지 않는다. 생각은 네가 갖춘 만큼 밖에 할 수 없다. **그러니 좋은 생각을 하려면 먼저 네 마인드를 올려야 한다.**

어떻게 하면 마인드를 올릴 수 있느냐? 공부를 해야 한다. 나 자신의 공부를 하지 않고는 절대 마인드가 올라가지 않는다. 그러면 공부는 어떻게 하느냐? 지금 네 주위의 생활환경 속에서 1차적인 공부를 하게 된다. 이것은 살아가는 기초를 아는 것으로, 네 주위에 인연으로 다가오고 눈에 보이고 귀에 들리는 것이 전부 다 1차적인 공부이다. 이것을 알아야 진짜 공부를 할 수 있다.

사람들이 너에게 말을 한다면 이것은 살아있는 공부가 직접적으로 다가오고 있는 것이다. 이것을 모두 쓸어 마셔야 한다. 보이고 들리는 것은 모두 거두어들이면 된다. 욕을 듣지 않아야 된다면 상대가 와서 욕을 할 필요가 없다. 그러나 누가 너에게 욕을 한다면 분명히 그렇게 해야 될 이유가 있어서 그러는 것이니 기분 나쁘다고 내팽개치지 말고 '내가 저 사람에게 미안한 일을 했는가? 욕 들을 일을 했는가?' 하고 싹 쓸어 마셔라. 누가 안 좋은 소리를 한다면 지금 너에게 약을 주고 공부를 시키는 것이니 반드시 씹어 삼켜야 한다. 네 뜻에 맞지 않는다 하여 거두어 들이지 않으면 네 마인드는 지금 있는 데에서 더 이상 올라가지 못한다.

대자연의 에너지는 사람을 통해 전달하며, 이것이 최상의 고질량 에너지이다. 대자연에 있는 모든 사물을 내가 눈으로 보고 귀로 듣지만 이 에너지는 작다. 하지만 이것이 나에게 들어와서 어느 정도 모이면 에너지가 축적되어 문리가 일어나게 되고, 이것을 다시 말로 바꾸어 꺼낼 때에는 엄청난 용량의 에너지로 뿜어져 나온다. 그래서 이 에너지를 먹게 되면 엄청난 질량의 에너지를 건네받는 것이 된다.

  너에게 들리는 것을 잘 들어 차곡차곡 쌓아 놓으면 이것이 문리가 일어나서 네 입으로 나올 때에는 정리된 제품이 나온다. 그리고 이렇게 전달 받은 에너지를 잘 소화하게 되면 너의 에너지는 엄청나게 크게 변해 사고와 분별이 굉장히 우수해져 어떤 일도 바르게 처리할 수 있는 인재(人材)로 변하게 된다. 그런데 1차적으로 너에게 주는 공부는 하지 않고 너의 눈과 귀로 보고 들리는 것을 자신의 방식으로 자꾸 조정하려고 하니 대자연에서 주는 에너지를 받아먹지 못하고 전부 밀어내게 되는 것이다. 자신에게 들어오는 에너지를 씹어 삼켜라. 이것이 공부 방법의 기초이다. 1차적으로 주는 에너지를 먹지 못하면 2차적인 것은 줄 수가 없다.

  우리를 어렵게 하기 위해서도 대자연의 힘이 필요하다. 조건을 좋게 해주는 데에도 대자연의 힘이 필요하고 어렵게 만드는 데에도 그만한 주위의 에너지가 들어간다. 이때 어렵게 하는 것은 쉬울 것 같지? 엄청나게 어렵다. 오히려 쉽게 해주는 것보다 어렵게 만들기가 더 어렵다. 그런데 왜 대자연이 그런 에너지를 써가면서까지 어려움을 주느냐? 네가 미워서가 아니라 너를 깨우치게 하기 위해서이다.

어떤 마인드를 가지고 사느냐에 따라 어려워지기도 하고, 형편이 아주 좋아지기도 할 것이다. 이것은 하늘의 법칙으로, 함부로 바꿀 수가 없다.

그러면 스승님, 저도 큰 생각을 하면 이건희 회장처럼 될 수가 있습니까?

이건희 회장처럼 될 수 있냐고? 이건희 회장처럼은 안 된다. 절대 될 수가 없다. 또한 부처처럼도 안 되고, 거지처럼도 안 된다. 딱 너처럼 된다.

중소기업을 하면서 경제도 있고 웬만큼 산다는 소리를 들을 때, 거기에서 더 크는 방법은 마인드가 바뀌는 것이다. 마인드가 그 선에서 벗어나지 못하면 절대 그 자리에서 벗어날 수가 없다. 즉, 더 큰 에너지를 줄 수가 없다는 말이다. 마인드를 키워라. 그것이 이건희 회장처럼 될 수 있는 조건이다.

네가 돈만 더 벌고자 한다고 그냥 되는 것이 아니다. 오히려 더 벌려고 하면 네 것을 빼앗아 버린다. 그러니 이때까지 너에게 주어진 환경에 감사하고, 그 환경으로 인해 더 나은 생각을 할 수 있게 된다는 것을 알아야 한다.

좀 더 이해되게 예를 들면, 네가 풀빵을 굽는 작은 공장을 하면, 주위의 인연이 풀빵에 대해 이야기할 사람밖에 오지 않는다. 그러나 만약 거기에서 조금 나은 사람들이 오면 그 사람들의 에너지를 받아먹어라. 에너지를 모두 잘못 알고 있는데, 누구와 대화하는 것이 에너지를 전달받는 것이다. 그러니 이 에너지를 잘 흡수하고 전달 받아 양이 딱 쌓이면 네 에너지가 업(up) 되었기 때문에 그만한 일을 할 수 있도록 경제와 힘을 준다. 이처럼 네가 먼저 커야 된다. 그래서 먼저 크도록 재료를 주는 것이 사람에게서 받는 에너지이다.

기업을 어느 정도 이루었으면 지금 수준보다 조금 더 높은 직책에 있다든지, 조금 더 위에 있는 기업의 사장이라든지 이런 사람과 인연을 맺게 된다. 이때 그 사람들과 같이 한다고 하여 기분만 좋아서는 안 된다. 그 사람과 같이 앉을 수 있다는 것은 조건을 굉장히 크게 받은 것이다. 그런데 여기서 돈을 더 벌기 위해 물건 수주 받는 이야기만 하고 왔다면, 빵점이다. '어느 만한 수주를 더 받기 위해서' 이런 생각만 한다면 너는 더 이상 크지 못한다. 사람을 만났다면 수주는 덤으로 받아야 한다. 수주를 따기 위한 목적으로 그 사람과 대화를 하면 수주 따는 것 이상의 에너지는 받지 못한다.

 수준 높은 사람을 만났으면 수준 높은 대화를 하며 항상 정성을 들여라. 그러면 어떻게 되느냐? 저 사람이 너를 마음에 들어 한다. 마음에 들면 수주는 억지로 따내려고 하지 않아도 덤으로 온다. 이처럼 같이 잘 지내는 것은 그 사람으로부터 에너지를 받고 있다는 사실이다. 그것을 곱씹어서 잘 받아들이고, 메모를 하면서 공부로 삼고, 이렇게 자꾸 거둬들이다 보면 너도 모르게 그 사람들이 하고 있는 기업의 일을 할 수 있게끔 너의 수준이 올라가게 된다. 그렇게 되면 여건들이 희한하게 몰려와 너는 스스로 중소기업에서 대기업의 기초로 가는 발판을 마련할 수 있게 된다. 에너지는 그렇게 온다. 그렇듯 대자연은 항상 조건을 주고 어떠한 생각을 하느냐에 따라 너의 위치가 올라가고 내려가는 것이다. 그러기에 앞에서 이건희 회장처럼 못 된다고 했는데, 된다. '처럼'이 아니라 오히려 더 잘될 수도 있다. 그러면 어떻게 해야 되느냐? 너의 공부를 하여 이건희 회장이 생각하는 것보다 더 큰 생각을 해야 한다. 이건희 회장이 생각하는 기준보다 네가 더 우수한 생각을 한다면 그 사람보다 월등하게 더 큰 길을 걷게 해준다. 그런데 그만한 생각은 못하면서 '나는 이건희처럼 될 거야'라고 한다면 죽어도 될 수가 없다. 꼭 이건희 회장이 아니라 미국 대통령이라도 마찬가지이다. 미국 대통령보다도 더 우수한 생각을 해라. 그러면 미국 대통령보다 더 월등하게 빛나는 사람이 될 것이고, 대자연이 그러한 에너지를 항상 준다.

대기업을 운용하는 사람의 생각은 중소기업을 운용하는 사람의 생각과는 다르다는 사실을 알아야 한다. 어떤 잣대를 놓고 그 사람들을 손가락질할지는 몰라도, 그 사람들의 생각은 너희들과 대화할 자리가 아니기에 말을 안 할 뿐이다. 분명히 그만한 것을 이끌 수 있는 생각을 가지고 있기에 대자연이 그만한 것을 주고 있는 것이다.

또 다른 예로, 돈을 많이 가지고 있는 노랭이들을 보라. 그 사람들에게는 왜 돈을 많이 주느냐? 그 사람들은 돈을 가지고 있을 수 있는 마인드를 가지고 있기 때문이다. '늘 운동화짝이나 신고 다니고, 대포 집에서 한 잔 먹고 돈도 쓸 줄 모르던데…'라고 하겠지만 그 사람 생각은 다르다. 단지 돈 없는 자와는 대화가 통하지 않으니 자신의 생각을 누구에게 말하지 않을 뿐, 그 사람들 생각은 굉장히 우수하고 깊다. 노랭이가 아니라 쓸데없이 돈을 쓰지 않는 것이다. 돈이 없는 사람은 쓸데없는 곳에 돈 쓸 생각을 하니까 돈이 없고, 돈이 많은 사람은 쓸데없이 돈 쓸 생각을 하지 않으니 돈이 많다. 아무리 많아도 그런 생각은 도저히 하지 못한다. 그런데 이런 사람들이 진짜 뜻있는 사람을 만나면 자기 창고 문을 다 열어준다. 그렇게 할 수 있는 사람을 만나지 못해 지금은 꽁꽁 싸매어 보관하고 있는 것이다. 그래서 일반인이 "이거하면 돈 좀 더 벌건데요. 한 번 해 봅시다" 하면 그 정도 생각밖에 못하니 부자가 못 된다고 생각하며 거들떠보지도 않는다. 그들은 돈을 많이 벌려고 하는 것이 아니다. 주위에 있는 조건을 최대한 거두어들여 그것을 가지고 있는 사람이지 돈을 더 벌려고 하는 사람이 아니라는 말이다. 그런데 일반인은 어떠한가? 돈을 더 벌려고 잣대를 갖다 대지 않느냐? 그러니 부자와는 통하지 않는 것이다. 아예 맞지 않는 것이다.

이러한 깊이를 모르고 우리는 대기업 총수에게 손가락질을 하고 있다. 네가 대기업의 총수가 되어 보았느냐? 안 되어 보고서 대기업 총수들의 그 깊이를 어찌 알고 거기에 네 생각대로 잣대를 자꾸 갖다 대느냐? 그들은 일반인의 잣대로는 도저히 갖다 댈 수 없는 깊이가 있기 때문에 대기업을 운용할 수 있는 힘을 대자연이 몰아주는 것이다.

그러니 먼저 자신이 큰 사람이 될 수 있는 즉, 큰 부자가 될 수 있는 그릇인가 아닌가부터 짚어보아라. 지금 너 자신이 갖추고 있는 것을 둘러보면 안다. 만일 큰 생각으로 자신을 갖추고 있다면 지금 이 나라에 있는 잘나가는 그 어떤 사람보다 더 잘나갈 수 있다. 그런데 한때 "잘된다, 잘된다, 잘된다고 자꾸 되뇌면 진짜 잘된다"고 하며 그런 바람이 불었지? 그렇게 하면 정말 잘될 것이냐? 아니다. 잘될 수 있도록 너를 갖추고 마인드도 같이 올리면서 "나는 잘될 수 있다"고 해야 되는 것인데 뭐가 잘되는 것인지도 모르면서 입으로만 "잘된다, 잘된다" "오늘도 잘될 거야" 하고 있다. 그렇게 해서는 절대 잘되지 않는다.

우리의 힘은 무한하다. 그러니 큰 사람이 되는 것은 마인드의 성장을 해내느냐, 못 해내느냐에 달려 있다. 갖추는 만큼 마인드가 높아지고, 높아지는 만큼 대자연의 에너지를 많이 얻게 된다.

크게 뜻있는 일을 해낼 수 있을 만큼 마인드가 높아지면 그만한 일을 할 수 있도록 대자연에서 정확하게 그만한 에너지를 준다. 주위에 사람들도 주고, 경제도 주고, 모든 조건도 이루어주어 뜻있고 훌륭한 일을 할 수 있도록 해준다. 우리 모두 그런 일을 하고 한(恨)이 남지 않는 세상을 살다가야 하지 않겠느냐?

'이건희 회장처럼'이 아니라 이건희 회장보다 더 멋진 삶을 살고 가도록 너의 마인드를 높여라.

제5강 기업, 3대에 운명이 달려 있다

問

얼마 전 경제계 전면에 나선 기업의 3대들이 대부분 선친의 경영 철학을
그대로 이어 받아 선친경영, 품질경영을 하고자 한다는 기사가 나왔습니다.
지금 세상이 빠르게 변화하고 국내뿐만 아니라 세계 경제도
어려워 이들의 역할이 매우 중요한데, 미래지향적이기보다
과거를 답습하려는 쪽으로 기우는 것 같아 조금 걱정스럽습니다.
과연 기업의 3대가 어떻게 기업을 경영해야 하는지 가르쳐 주십시오.

答

기업 3대는
스승을 만나 자신만의 운용법을 들고 나와야 한다.

이 질문은 기업인들이 직접 와서 물어보면 자세하게 가르쳐 줄 것인데….

기업인들도 1대가 해야 될 일이 있고 2대가 해야 될 일이 있고 3대가 해야 될 일이 있다. 이것을 잘 연결시켜 이루어 내었을 때 기업이 완성되고 국민으로부터 존경받게 된다. 이 말을 쉽게 이해하려면 지금 이 나라의 대기업들을 한번 잘 보아라.

대기업의 창업자는 천기(天氣)를 썼다. 그래서 감(感)이 빨랐다. 즉, 지식을 가지지 않아도 사회를 쳐다보면 앞으로 이러한 사업이 잘되겠다든지, 세상에 무엇이 필요하겠다든지 하는

감이 저절로 나왔다. 사람이 아무것도 모르는 완전 무지한 상태에서 감을 잡는 것은 굉장히 힘들다. 하지만 창업자는 달랐다. 이렇게 1대는 하늘의 힘을 받아 그 힘과 감으로 진로(進路)를 잡고 길을 뚫었다. 그리하여 어느 정도 길을 잡아 2대를 선택하여 넘겨주었다. 기업의 1대가 2대를 정하여 자신의 힘을 물려주는 것은 하늘의 힘을 이전시켜 주는 것이다. 그래서 이들은 가족의 관점에서 보면 부자(父子)간이지만 이러한 시각을 바꾸게 되면 스승과 제자 사이이다. 이처럼 큰일을 하려면 부모 자식이라는 핏줄의 개념에서 벗어나야 한다.

기업의 2대는 1대로부터 물려받은 천기 위에 지기(地氣)를 받았다. 그러니 재주가 남달랐다. 그래서 그 재주로 운용을 하여 지금의 거대한 대기업들로 팽창을 시켰다. 조직을 거대하게 만들고 물질을 팽창시켜 이루어내는 일은 지기를 가지는 2대가 하는 일이다. 땅의 힘으로 전부 모을 수 있기 때문에 자석에 끌려가듯 재주를 가진 사람들 즉, 우리 국민의 대표주자 1급들이 전부 대기업에 다 모였다. 그래서 그 힘을 대기업이 가지고 있는 것이다.

이렇게 지금 이 나라의 대기업은 천기와 지기의 힘으로 이만큼 커버렸다. 그런데 그 힘이 몇 %냐? 70%이다. 이 말은 곧 기업의 70%를 이루어 냈다는 말이다. 지금 현재 우리나라 기업들의 성장은 완성을 100%로 볼 때 70%까지 성장한 것이다.

그런데 여기서 기업이 더 클 것이냐? 절대 더 크지 못한다. 더 이상 비대해질 수 없다는 말이다. 지금까지 키운 것은 양적, 물질적으로만 키운 것으로, 질적으로 해야 할 일은 아직 하나도 하지 않았다. 그런데 지금 전면에 나서고 있는 3대는 이것을 모르고 기업을 더 키우려고만 하고 있다. 그러면 계속 쓴 맛을 보게 된다. 예전부터 '부자가 3대 못간다'는 소리도 있지 않느냐? 이것은 1대가 진로를 놓고 2대가 팽창시킨 것을 3대가 제대로 운용하지 못해 미완성으로 끝나버렸기 때문이다.

그러면 기업의 3대는 어떻게 해야 되느냐? 남은 30%를 완성시켜야 한다. 기업을 70%까지 이루면서 가족들이 다 모였다. 이때 가족이라 함은 기업의 직원만을 말하는 것이 아니라 직원들에게 딸린 식솔과 하청업체, 거래처, 소비자까지 포함한 모두를 말한다. 이 가족들이 모여 열심히 일을 했다면 이제 보람을 찾아주어야 된다. 다시 말해, 열심히 수고하고 모든 에너지를 다 바친 그들에게 즐겁고 기쁘고 행복한 길을 열어주어야 한다는 것이다. 이것이 바로 인(人)의 운용시대를 여는 것으로, 이 길은 3대가 자신의 법(法)을 찾지 않으면 절대 이루어질 수가 없다.

하늘(天)과 땅(地)은 성장하는 데까지 도움을 주는 것이고 사람(人)인 3대가 자신이 운용할 법을 찾아 나와야 한다. 이것이 옥새를 들고 나오는 것으로, 자신을 따르는 가족들이 전부 다 즐겁고 기쁘고 행복할 때 드디어 지도자가 탄생했음을 세상에 알리는 것이다. 이때 모든 사람들이 3대를 존경하고 받들게 된다. 이렇게 하려면 3대는 반드시 스승을 만나야 한다. 그래야 자신의 법을 찾을 수 있다.

그렇다면 스승은 어떻게 만나느냐? 3대가 직접 찾아야 하느냐? 아니다. 2대가 찾아야 한다. 왜? 하늘과 땅의 힘을 가진 2대만이 스승을 바르게 분별할 수 있기 때문이다. 천지기운을 소화하지 않은 사람은 이 분별을 하지 못한다.

그러면 2대는 언제 스승을 찾느냐? 땅의 힘으로 기업을 팽창시키는 것이 70% 정도 되었을 때부터 스승을 찾기 시작한다. 1대에게 기업을 물려받고 중간 정도까지 팽창시킬 때에는 정신이 하나도 없다. 그런데 중간을 넘어서면 앞만 보던 사람이 주위를 둘러보기 시작한다. 이때가 스승을 찾을 때이다. 본인은 왜 그러는지 모르지만 70%를 넘어서면 갑갑해지고, 80%가 되었는데도 사람을 못 만나면 힘들어진다. 그리하여 90%까지 가면 미치는 것이다. 지금 기업인들이 힘들어 하는 이유가 바로 자신에게 필요한 사람 즉, 스승을 만나지 못했기 때문이다. 그래서 스승을 찾지 못하고 팽창의 끝으로 가면 갈수록 엄청나게 갑갑해지고 미치게 된다. 왜 그렇게 되느냐? 갑갑하다는 것은 뭔가 모자라다는 것으로, 아직 완성을 하지 못했기 때문이다.

중간에 있는 2대는 1대, 3대와 다같이 살기 때문에 굉장히 중요한 자리이다. 그러므로 2대는 1대로부터 하늘의 힘을 받고 스스로 땅의 힘을 받아 운용하면서 3대에게 물려주기 위해 스승까지 찾아야 한다. 그래서 스승을 만나기 위해 선지식을 찾아 다니며 전부 점검을 하는 것이다. 목사든, 스님이든, 도인이든, 재주를 가진 사람이든, 힘을 가진 사람이라면 다 찾아서 만나게 되어 있다. 그만큼 기업을 팽창시켰다는 것은 큰 기운을 가진 사람을 만날 수 있는 조건을 만들었다는 것이다. 그리고 선지식도 자기 할 일을 이루어 놓은 사람을 만나주는 것이지 아직 이루기 위해 일을 하고 있는 중인 사람은 만나주지 않는다. 왜? 자기 할 일을 기본적으로 끝낸 사람을 만나 그 다음 갈 길을 알려주어야 하기 때문이다. 그래서 70%를 끝낸 2대가 스승을 찾는 것이다.

기업인이 하지 못하는 일을 해주어야 하는 자가 바로 선지식이다. 기업인들이 돈으로는 안 되는 것이 없고 아래로는 박사나 선생들이 넘치는데도 왜 또 사람을 찾겠느냐? 아래에 있는 사람들은 일꾼은 될 수 있어도 기업인들의 답답함을 채워줄 수는 없기 때문이다.

지도자라면 반드시 지도자를 이끌어 줄 사람을 만나야 한다. 아무리 뛰어난 박사나 종교인이라 하더라도 한 분야에 치우친 전문가는 총체적인 운용을 할 수가 없다. 그러나 스승은 위에 있으면서 총체적인 것을 다스려 낸다. 이것이 스승과 선생의 차이이다. 그런데 지금까지 선지식을 어디에 가서 찾았느냐? 오만 군데를 다 찾아 다녔다. 그러나 기독교에 가서 목사를 찾으니 기독교 교리의 전문가였고 불교에 가서 스님을 만나니 불법 외우는 박사였다. 그리고 도인이라고 해서 만났더니 산에서 약뿌리를 캐먹던 박사였고 타심통이 어떠니 해서 만나보니 기공 박사였던 것이다. 이렇게 종교인들도 각 분야에 치우친 선생들이기 때문에 지도자를 이끌 수 없다. 지도자는 선생이 아닌 스승만이 이끌어 줄 수 있다.

그래서 2대가 스승을 만나면 그의 근기에 맞게 스승이 이끌어 주니 갑갑하던 속이 시원해지게 된다. 이것은 구세주를 만난 것으로, 천지기운을 가진 2대가 천·지·인 3기를 모두 가진 큰 어른을 만나니 편안한 마음이 들어 안도의 숨을 쉬게 되는 것이다. 그러면서 자식까지 바르게 이끌어 달라며 맡기게 된다. 스스로 점검해보고 인정했다는 것이다. 그리하여 자식을 데리고 와 "인사 올려라. 내가 모시는 스승님이시다" 하면 3대는 깍듯하게 모시면서 존경하게 된다. 이렇게 2대가 인정하고 소개를 해주어야만 3대는 믿게 된다. 그리하여 그때부터 3대는 스승에게 가르침을 받으며 특수공부를 하여 기업을 물려받을 준비를 하는 것이다. 이와 같은 과정을 밟으며 기업의 성장이 70%쯤 되었을 때, 특수공부를 통해 자신의 법을 찾은 3대가 기업의 미래 비전 설계를 제시하며 나와야 한다.

"우리는 하나의 기업에서 출발하여 여러분이 피와 땀을 다 쏟아 1차 도약을 하고 2차까지 팽창하여 지금의 거대한 그룹이 되었습니다. 이렇게 거대해진 그룹에 인재가 다 모여 있고, 그 인재들이 일을 할 수 있는 자재도 어느 정도 모였으니 이제는 바르게 운용하여, 제품 생산만으로 먹고살기 위해 사는 것이 아니라 인류를 향한 뜻있고 보람 있는 일을 시작하여 사회 환원과 더불어 상생으로 모두가 즐겁고 기쁘고 행복한 초일류기업의 시대를 열어갈 것이니 우리 모두 힘을 하나로 모읍시다. 그렇게 하기 위해서 저는 이렇게~ 이렇게~ 할 것입니다"

라며 기업의 가족들 앞에서 앞으로 운용할 것에 대해 자신의 설계를 브리핑(briefing)해야 한다. 이것이 곧 3대의 법이자 논문이다. 그리하여 이 브리핑에 모든 가족들이 박수를 친다면 다시 힘을 모으게 된다. 또한 이렇게 자신이 운용할 길을 브리핑해야만 2대도 "오, 그렇지!" 하고는 흐뭇해하며 안심하고 기업을 딱 넘겨주어 3대는 이 힘으로 이제부터 마무리 사업을 하게 되는 것이다.

그런데 지금은 어떠한가? 3대가 배운다는 것이 기껏해야 영어 배우고, 오더 따는 것 배우고, 기계 조작하는 것 배우고, 컴퓨터 배우고, 경영을 배운답시고 이윤을 많이 내는 것만 배우고 있다. 그런 것들은 직원들이 해야 하는 것이지 지도자가 하는 것이 아닌데 지금 지도자가 그런 것을 배우고 있는 것이다.

세상에는 3대 보다 뛰어난 전문가들이 수두룩하게 널렸다. 그런데 3대도 그것을 배운다고? 하버드 대학 가서 똑같은 것을 배워 하나는 지도자가 되고 하나는 일꾼이 된단 말이냐? 그렇게 해서 거대해진 기업을 어떻게 끌고 나간다는 말이냐? 작은 기업은 이끌고 나갈 수 있겠지만 다 큰 기업은 그렇게 하여 이끌고 나갈 수가 없다. 운용이 될 수가 없는 것이다.

또한 지금 하던 것처럼 운용을 해나갈 것이라면 젊은 시절부터 현장에서 쟁쟁하게 몸에 배이도록 계속 함께 하면서 노력해 왔던 사람들이 낫지, 어찌 젊은 3대가 낫겠느냐?

　자신만의 운용법을 가지고 나오지 않은 3대는 절대 안 된다. 기업의 3대는 큰 사람이 되어 인간경영시대를 열어야 하고 인본시대(人本時代)를 열어가는 주자가 되어야 한다. 즉, 사람 세상을 이루도록 3대가 운용해야 된다는 말이다.

　이제 기술로 우위를 점하는 시대는 끝났다. 다시 쇳덩어리를 깎고 재료를 수입해서 가공해 팔아먹고 사는 시대는 지나갔다는 말이다. 기업회장들이 지금까지의 각(覺)을 깨고 신 패러다임으로 세상을 보아야 한다. 앞으로 '배를 두 대 더 만들까?' '전자제품을 더 좋게 만들까?' 이런 생각으로는 어림 반 푼도 없다.

　또한 이제는 장사치가 되어서도 안 된다. 인건비가 저렴한 사람을 이용하기 위해 해외로 나가고, 땅값이 싸고 인건비가 싸다고 시골로 들어가서 일꾼을 구하는 것은 이득을 많이 보려고 하는 것으로 장사치가 하는 짓이다. 국민이 키워준 힘으로 장사치가 되어서야 되겠느냐? 1대, 2대가 기업인으로 70%까지 이루었다면 3대는 이제 사업가로 변해야 한다.

　지금 세상에는 안타깝게도 아직 진정한 사업의 정의가 나오지 않아 사업과 장사를 혼동하고 있다. 그래서 사업가로 변할 준비를 못 하고 아직도 장사를 하고 있는 것이다.

 잠시 사업에 대해 언급하면, 사업은 만인을 이롭게 하는 것이다. 그래서 사업을 하면 무조건 고도성장하게 되어 있다. 만인을 이롭게 하면서 성장해야지 만인을 죽이면서 성장하는 것은 분명히 멱살을 잡히고 손가락질 받으며 망하게 된다.

 자신이 가진 힘으로 세상에 무엇을 할 것인가를 생각하는 사람이 되어야 한다. 그러면 지혜가 열리게 된다. 그리하여 뜻있고 보람 있는 일, 즉 나라와 인류에 보람되는 사업을 해야 한다. 여기에서 말하는 보람된 일이 무엇인지 다들 막연하게 들리겠지만 기업 3대가 직접 이 사람에게 와서 공부할 때 이것에 대해서 자세하게 설계해 줄 것이다. 그래서 3대가 먼저 이 나라에 보람된 일을 하여 국민이 아주 좋아지니 그 힘을 가지고 세계로 나가 뜻있고 보람된 일을 하면 인류의 지도자가 되는 것이다. 우리 기업인들은 이제 우물 안에서 벗어나 인류에 보람된 사업을 하여 존경받아야 한다.

 2대가 국제사회에 큰 무대를 열어놓고 3대가 큰 것을 물려받았을 때에는 국제적인 큰 별이 되어야지, 우물 안을 비추는 별이 되어서야 되겠느냐? 물려받은 것을 품고 나가려면 눈을 크게 뜨고 넓은 세상을 바라보아야 한다.

　우리 기업인들이 즐겁고 기쁘고 행복한 세상을 살 때 그 힘을 받아 우리 국민도 그렇게 된다. 지금까지 우리가 잘못되었던 것은 '경쟁과 욕심으로 하면 이렇게 힘들어지고 망하게 된다'는 것을 보여주기 위함이었다. 이제부터는 바르게 잡아나가야 한다. 지금 겪는 중소기업의 어려움도 기업인들이 어떤 신 패러다임을 설정하느냐에 따라서 해결될 수가 있다. 대기업이 하나의 프로젝트를 잘 설계하면 중소기업은 거기에 다 몰리게 된다. 이 신 패러다임의 프로젝트가 바로 이 사람이 설계해 주려고 하는 것이다.
　이 설계가 아니면 어려워진 이 나라의 경제를 절대 풀어낼 수가 없다. 대기업과 중소기업이 하나로 뭉쳐 큰일을 해내야지, 기술만 가지고 돈 벌려고 욕심내면 다 망한다.

　모든 분야가 단순한 통합시대를 넘어 융합시대가 왔다. 그러니 모든 힘을 융합시키는 큰 설계가 나와야 바르게 되고 지금이 바로 그때이다.

　3대는 사람으로부터 기운을 받는다. 그러니 천기, 지기의 힘을 받은 선대의 경영을 따라하는 것이 아니라 그것을 기초로 하여 스승으로부터 받은 가르침과 융합시켜 자신만의 법을 가지고 큰뜻을 펼쳐 나가야 한다. 그래서 세상의 큰 별이 되어 존경받는 지도자로 거듭나야 하고 기업 또한 존경받는 세계의 기업으로 우뚝 설 수 있도록 완성을 이루어 내야 한다.

3대, 자신만의 운용법을 설계하라!
여기에 기업의 운명이 달려 있다!

민족이여 깨어나라

제6강 나는 왜 하는 일마다 안 되지?

問

"나는 하는 일마다 되는 게 없다"며
손만 대면 망하는 사람이 있는가 하면,
손만 대면 다 잘되는 사람이 있습니다.
이 두 사람의 차이가 무엇인지 가르쳐 주십시오.

答

흥하고 망하는 것은
자신의 갖춤에 달려 있다.

사람이 태어나면 대자연에서 기본적으로 주는 것이 있다. 그것이 무엇이냐? 자신이 받아온 사주와 기운의 크기에 따라 주어지는 인연이나 경제나 재주 같은 것을 말한다. 그래서 식당을 하더라도 다른 식당들은 안 되는데 자기는 잘되어 돈을 포대자루에 막 쓸어 담고, 그러고도 또 자꾸 잘되어 "나는 부딪치는 것 없이 하는 것마다 다 잘된다"고 한다.

그러면 계속 잘될 것이냐? 아니다. 기본적으로 키워줄 때까지이다. 다시 말해, 기본적인 에너지를 줄 때까지는 하는 것마다 실패 없이 잘되게 해주는 것이다. 그렇게 기본을 다 주고나면 어떻게 되느냐? 두 갈래 길로 나뉘게 된다. 즉, 고난의 길과 더욱 성장할 수 있는 길로 나누어진다는 소리이다. 그래서 어느 정도 시간이 지나 "전에는 잘나갔는데 요새는 좀 잘 안 된다"고 하는 사람은 바로 고난의 길 즉, 망할 길로 가고 있는 것이다. 그러면 반대로 계속 잘나가는 사람은 어떻게 되느냐? 계속 잘나갈 것이냐? 아니다. 아직 망할 때가 안 되었으니 계속 주고 있는 것이며, 그 자도 어느 선에 가서 잘못하게 될 때 거두어들이는 것이다.

지금 하는 일마다 안 되는 사람은 돈을 거두어들여야 할 때가 아닌데 돈을 거두려 하기 때문이다.

사람에 따라 공부를 먼저 해야 되는 자가 있고, 경제를 먼저 갖춰야 되는 자가 있고, 사람 인연부터 먼저 이루어야 되는 자가 있고, 사람도 이루면서 자신의 공부도 같이 해야 되는 자가 있다. 다시 말해, 우리에게 주어지는 사주가 각자 다 다르다는 말이다. 그래서 어떤 자에게는 먼저 많은 조건을 주고 그 조건 안에서 공부를 하게도 한다. 그런데 공부는 하지 않고 조건만 챙기는데 신경 쓰다 보니 자신의 갖춤이 없어 준 조건을 바르게 쓰지 못하여 전부 다 빼앗겨 버리는 것이다.

수행자의 경우를 보면 확연히 알 수 있다. 지금까지 수행자들을 보면 대개 산에 가서 기도를 한다든지, 수련을 한다든지, 기공을 한다든지 뭔가를 하고 있다가 도술같은 재주부터 받았다. 그런데 여기에도 장점과 단점이 있다. 장점은 사람들을 빠른 시간 내에 많이 모을 수 있다는 것이고 단점은 재주부터 주면 그때부터 자신을 갖추지 않는다는 것이다. 재주가 있으니 사람도 오고 돈도 오니 이제 다 끝난 줄 알고 그런 것만 챙기려고 하고 자신을 갖추지 않는 것이다. 그러면 조금 있다가 자신에게 온 것을 바르게 쓰지 못해 패가망신하거나 더 이상의 훌륭한 일을 못해내는 것이다.

이와는 반대로 재주부터 주지 않고 크게 담금질하여 자신을 갖추게 하는 경우가 있다. 왜 그러하냐? 먼저 사람이 되게 하려는 것이다. 그렇게 되게 하려면 무언가를 주지 않아야 열심히 공부할 것이기 때문이다. 그래서 돈도 주지 않고 재주도 주지 않고 혹독한 공부를 시키는 것이다. 그런데 이것을 모르고 '내 인생은 왜 이런가? 저 사람들은 잘만 되는데…' 이렇게 한탄만 하고 있다. 그러니 30년 가도 그 모양이고, 50년 가도 그 모양인 것이다. 안 좋은 조건이 계속 주어지면 '이것이 나의 공부구나. 나에게 뭔가를 알려주기 위해 지금의 이러한 환경을 주는 것이구나' 하고 자신의 공부로 삼고 노력해 나가면 나중에 30대가 되고 40대가 되어 어느 시간이 딱 되면 그때 비로소 조건을 주기 시작한다. 그래서 공부가 100% 된 사람에게 조건을 주면 그 조건을 100% 잘 쓰고, 30%만큼 되었으면 30% 잘 쓸 것이고, 70%만큼 되었으면 70% 잘 쓸 것이다. 이때 공부가 100% 되었다면 주는 조건을 100% 잘 써서 크게 빛나는 일을 하고 존경을 받으며 살 것이다. 그러나 10%밖에 공부를 못했다면 1000%의 조건을 주어도 안목이 열리지 않아 정확하게 10%밖에 쓸 수가 없다.

그러니 '좋다, 나쁘다'라는 분별을 하지 마라. 대자연은 어느 누구에게도 안 좋은 조건을 주지 않았다. 부모 없이 고아로 자라면서 떠돌이로 온갖 고생을 하며 자라게 한 자는 담금질하고 공부를 시켜서 큰뜻을 이루어 내는 생각을 하도록 한 것이며, 돈의 환경을 잘 준 자는 환경은 좋지만 뭔가를 운용할 줄 모르니 운용을 잘하는 사람을 만나 상생을 이루어 크게 빛나는 일을 하도록 한 것이다.

어느 것 하나 안 좋은 조건은 없다. 그러니 '누구는 잘되고 누구는 안 된다'는 생각을 바꾸어라. 흥하고 망하는 것은 너의 갖춤에 달려 있다.

민족이여 깨어나라

제7강 동업 할까? 말까?

問

사업을 시작하려고 하는데,
경험도 부족하고 자금도 넉넉하지 않아
다른 사람과 동업을 해야만 하는 상황입니다.
그런데 동업을 하는 경우
대부분 서로 얼굴을 붉히며 돌아서고,
주변에서도 동업만은 절대 하지 말라고 합니다.
성공적인 동업을 하려면 어떻게 해야 하는지 가르쳐 주십시오.

答

일단 3년 계약을 하라.

 우리가 보통 '동업만은 절대로 하지 마라'고 하지 않느냐? 이것은 동업의 원칙을 모르기 때문이다. 제대로 알고 하면 동업은 굉장히 좋은 것이다.

 동업은 말 그대로 힘이 모자랄 때 서로의 힘을 합치는 것으로, 대개 3년 동안은 잘되게 되어 있다. 그 이유가 무엇이냐? 여기가 지상 3차원이라 3년 동안은 대자연이 도와주기 때문이다. 그런데 서로 힘을 합쳐 3년 계약 설계를 할 때, 나오는 성과를 가지고 "6:4로 나누자, 3:7로 나누자, 2:8로 나누자" 이런 것부터 서로 다투면서 시작하면 절대 안 된다.

 그러면 어떻게 해야 하느냐? 누가 돈을 더 많이 내고 누가 아이디어를 더 많이 내었는지 이런 것에는 관계치 말고, 3년 동안은 서로가 필요한 것만 조금씩 쓰면서 힘을 합쳐 키우는 것에 주력해야 한다. 그러면 3년 후에는 정확하게 일어나게 된다. 그때 일단 3년 계약한 것은 끝내야 된다.

모든 일에는 1차가 있고 2차가 있다. 그래서 1차적으로 3년 만에 모든 것을 정리하여 서로가 분배를 해야 한다. 이때 정확하게 절반으로 나누어 그동안 서로 고마웠노라고 하며 딱 정리를 해야 한다. 땅을 많이 사놓았다면 그것도 절반, 돈을 많이 저축해두었다면 그것도 절반 즉, 서로가 믿고 3년 동안 성장하면서 이룩한 모든 것을 절반으로 나누고 일단은 분리해야 한다. 이때, 십 원이라도 더 가지려고 해서는 안 된다. 그렇지 않으면 그 다음부터 어떠한 사업을 해도 안 된다. 그러니 절대로 소탐대실하지 마라. 이렇게 1차적으로 분리된 후에 2차적으로 할 수 있는 설계가 있다면 꺼내야 한다. 그래서 2차적인 설계로 다시 시작할 때에는 새롭게 계약을 해야 한다. 이때에도 먼저 우리가 뜻을 합할 수 있는지를 꺼내어 의논해 보아야 한다. 만약 상대가 그렇게 할 뜻이 없다면, 그때부터는 너 혼자 나갈 수 있는 힘도 가지게 된다.

그러나 상대가 '힘을 다시 한 번 합치자'는 뜻을 냈다면 이

때에는 정확하게 다시 4년 설계를 해야 한다. 3년 동안 함께 일어서며 서로 쌓인 신용은 정확하게 7년이 가기에, 재계약을 할 때에는 4년 계약을 하면 된다. 그리하여 이것을 같이 잘 해 나가면 4년 후에는 정확하게 다시 정리를 하여 절반으로 나누어야 한다. 그런 후에 다시 뜻을 꺼내었을 때에도 서로 합의를 이루었다면 그때부터는 동업을 해도 평생 깨지지 않고 싸우지 않고 잘되게 된다. 그리고 서로에게 일생을 다 할 수 있는 평생 친구가 되고 동반자가 된다. 이것이 동업에 대한 대자연의 원리법이다.

처음부터 설계를 잘못하여 질질 끌고 가면 분명히 깨진다. 물론 처음 일어날 때에는 깨지지 않지만 조금 커지면 그때부터 각자의 계산법으로 가지고 가서 다 깨지게 되는 것이다. 지금까지는 이런 식으로 동업을 하여 전부 다 어려워졌기에 '동업은 절대 하지 마라'고 했던 것이다.

올바른 동업은 처음 할 때, 그 3년 동안 서로의 못난 것도 나오고, 숨기고 있던 것도 나오고, 성품도 나오는 등 속에 있는 것이 다 나오게 된다. 이때 상대의 속에 있는 나쁜 것이 나오더라도 1차적으로 3년만 하라. 그러면 어렵게 되지 않는다. 일단 잘

되니 좋고 또 잘되는 그 재미에 상대의 나쁜 점이 묻혀 들어간다. 그렇게 3년 동안 전부 소화되면 또 같이 갈 수도 있다. 1차 3년만 하고 딱 절반으로 분배하라. 조금이라도 욕심을 부리면 분명히 소탐대실을 하게 되니 명심하라.

민족이여 깨어나라

Part 3

상대에게 너의 뜻을 전할 때에는
신중해야 되고 네가 갖춘 만큼
상대와 교류해야 된다.
그렇지 않으면 네가 말한 것이 잘못되어
정확하게 부메랑처럼 되돌아와
너를 어렵게 한다.

제8강 대화 (話·化·花)

問

사회생활에 있어 대인관계가 매우 중요하며,
이때 중요한 부분을 차지하는 것이 대화인 것 같습니다.
그래서 이번 시간에는 대화라는 주제를 가지고 공부를 하고자 하는데,
먼저 대화를 어떻게 해야 하는지 가르쳐 주십시오.

答

먼저 상대의 이야기를 잘 들어 주어라.

대화법은 굉장히 중요하다. 대화를 잘못하면 너의 기운이 막히고 대화를 잘하면 너의 기운이 트인다. 대화는 누구를 위해서 해야 되느냐? 상대를 위해서 해야지 네 자신을 위해서 하면 안 된다. 모든 대화의 중심이 그렇게 되어야 한다.

우리가 살아가면서 제일 중요한 것이 '말'이다. 사람이 왜 어려워지느냐? 말을 잘못하기 때문이다.

네 뜻대로만 말하고 상대가 이해되지 않게 말을 한다면 이것은 네가 갖추지 않고 말을 하는 것이다. 따라서 너를 갖추지 아니하고 상대에게 말을 하면 상대가 이해를 못하게 된다. 그래서 이러한 대화는 잘못된 것이다.

네가 말을 하면 상대가 무조건 받아들여야만 된다고 착각을 하는데, 이미 공은 상대에게 넘어갔다. 상대에게 이야기할 자격은 너에게 있지만, 그 말을 받아들이고 안 받아들이고는 상대에게 자격이 있다. 상대가 받아들이든, 받아들이지 않든 그것은 상대가 판단해서 정하는 것이다. 이때 상대가 네 말을 받아들이지 못하면 어떻게 되느냐? 나갔던 그 기운이 되돌아와 너를 친다. 그리하여 네 기운이 어려워지고 곧 탁해지기 시작한다.

대자연이 왜 인간에게 말을 할 수 있도록 해주었겠느냐? 상대와 교류를 할 수 있게 하기 위함이다. 다시 말해, 나를 위해서가 아니라 상대를 위해서 말을 하라고 만들어 준 것이다. 그런데 지금은 전부 자기 위주로 말을 하고 있다. 이것은 대자연의 원리법과 반대되는 것이다.

글 역시 상대를 이해시키기 위해서 있는 것이지, 나를 위해 있는 것이 아니다. 나를 위해서라면 물을 먹을 때 '물'이라는 글도 필요 없고, '물'이라고 말로 하지 않아도 된다. 그냥 보고 먹으면 된다. 말도 글도 남을 위해서 필요하다. 그런데 남을 위해 쓰지 않고 자기중심으로 쓰고 있기 때문에 전부 다 어려워지는 것이다.

우리는 지금 자신을 갖추지 않고 상대를 접하고 있다. 그래서 네가 말을 했을 때 상대가 이해를 못하거나 기분 나빠하거나 욕을 하거나 마음을 닫아 버리는 것이다. 상대가 이해하지 못하는 것이 아니라 이해되도록 말하지 못한 너의 잘못이다. 상대에게 너의 뜻을 전할 때에는 신중해야 되고 네가 갖춘 만큼 상대와 교류해야 된다. 그렇지 않으면 네가 말한 것이 잘못되어 정확하게 부메랑처럼 되돌아와 너를 어렵게 한다.

세상에서 제일 우수한 민족은 어떤 민족이냐? 말을 잘하는 민족이다. 이 민족은 혀를 굴려 입에서 나오는 말이 최고로 발달되어 있어 최고의 전달능력을 가지고 있다. 그래서 이 민족의 문화는 '말 문화'이지 '글 문화'가 아니다.

인간은 한 생, 두 생 계속 윤회를 하면서 육신세포 뿐만 아니라 모든 기운세포까지 전부 진화·발전해 왔다. 그래서 동으로, 동으로 윤회하여 모든 전생이 전부 다 겹쳐져, 동쪽의 해 뜨는 나라, 최고의 기운을 가진 뿌리국인 해동 대한민국에 태어날 때 최고의 세포들로 조물되어 태어나는 것이다. 그래서 이 민족은 인류의 지도자인 것이다.

그러나 이곳에서 태어난 사람일지라도 말을 잘하지 못하면 지도력은 가질 수가 없다. 말을 잘해야 네 앞에 온 사람에게 득 되게 할 수 있으며 그 사람을 이끌 수 있고 지도력 또한 계속 그 분포가 넓어지는 것이다. 그러므로 인류의 지도자인 이 민족은 선천적으로 받아 온 최고의 기운을 잘 쓰고, 참 되고 바른 말을 구사하여 인류를 이끌어 나가야 된다.

이렇게 대화 하나라도 바르게 하면 많은 어려움을 풀 수가 있다.

민
족
이
여
　
깨
어
나
라

話 · 化 · 花 / 1 감언이설

問

대화를 하다보면 상대의 감언이설에 넘어가는 경우가 있습니다.
그래서 많은 손해를 입기도 하는데,
이럴 때 어떻게 대처해야 하는지 가르쳐 주십시오.

答

감언이설은 없다.

　상대의 감언이설에 넘어간다고 하는데, '감언이설'이라는 단어는 있지만 실제로 감언이설은 없다. 네가 볼 때에는 감언이설이라고 하겠지만 상대는 자기의 실력대로 말을 구사하여 너에게 할 뿐이다. 그런데 네가 그것을 분별하지 못하여 당하는 것이다. 다시 말해, 감언이설에 당하는 것이 아니라 상대와 교류하는 네가 자신을 갖추지 못해, 모자라니 상대에게 당하는 것이다.

　자신을 갖추지 않은 자는 항상 당하게 되어 있다. 만약 지금 당하지 않더라도 더 지독한 또 다른 사람이 너를 치러 온다. 왜? 네가 모자라기 때문에 채찍질하러 오는 것이다.

　우리가 어려움을 당할 때 처음부터 크게 당하지 않는다. 처음에는 작은 것에 당한다. 그런데 그때 자신을 갖추지 않고 시간을 보내며 "그럴 수도 있겠지" 하고 넘어가면 다음에는 조금 더 크게 너를 칠 사람이 온다. 이는 네가 스스로 이렇게 할 사람을 부르고 있는 것이지 그 사람이 일부러 그러한 기운을 만들어 너에게 오는 것이 아니다. 네가 모자라면 정확하게 너를 가지고 놀 사람이 와서 너를 흔들어 놓는다. 그러나 자신을 갖추고 있으면 상대가 아무리 감언이설을 해도 당하지 않는다. 그렇게 되기 위해 지금 이 공부를 하는 것이다.

누가 무슨 짓을 해도 바른 분별로 당하지 않도록 자신을 갖추어야 한다.

그러니 앞으로는 상대가 감언이설로 너를 속인다고 생각하지 말고, 네가 상대의 말에 넘어갔다면 '내가 실력이 부족하기에 두드려 팰 사자(使者)가 왔구나'라고 생각하면 정답이다.

민족이여 깨어나라

話 · 化 · 花 / 2 거절

問

그렇다면 그런 사람이 왔을 때 경계하고 냉대하기보다는 정중하게 거절하는 방법에 대한 가르침을 주십시오.

答

최소한 3일 후에 결정하라.

너에게 사기를 치러 오든 감언이설을 하러 오든 네 앞에 사람이 왔다면 일단 그 상대의 말을 다 들어야 한다. 상대의 말을 다 듣지 않고 막았다면 정확하게 다른 사람을 보내는데, 이때는 처음보다 조금 더 센 자를 보내어 결국 네가 그 말을 들을 수밖에 없도록 만든다.

네 앞에 사람이 왔다면 그의 말을 끝까지 들어 보아라. 상대가 말을 할 때 그 말을 들어보면 쓸데없이 하는 말이 있고 뭔가 목적을 가지고 하는 말이 있다. 이때 쓸데없는 말은 "됐다, 그만" 해도 되지만, 상대가 어떤 목적을 가지고 너를 이해시키기 위해 말을 한다면 분별부터 하지 말고 그 말을 잘 들어라. 즉, 네가 미리 짐작하여 마음을 닫거나 금을 긋지 말라는 것이다. 그렇게 되면 분별이 바로 서지 않는다.

그래서 그 말을 듣되, 그 자리에서 바로 결정하지는 마라. 여기는 3차원이라 3일의 시간을 정확하게 준다. 그래서 2박 3일 안에는 절대 결정하면 안 된다. 그러니 거절을 하더라도 최소한 2박 3일 후에 결정하고, 그래도 네가 아둔하여 분별이 서지 않으면 대자연 함수인 3:7의 법칙에 따라 7일 동안 생각하라. 그러면 절대 실수하지 않을 것이다. 그래도 분별이 안 되면 100일 기도하는 셈 치고 정확하게 100일을 참은 후에 결정하라. 100일을 참았어도 결정이 서지 않는다면 1,000일 즉, 3년 후에 결정하라. 그러면 절대 당하지 않는다.

만약 어떤 이가 너를 찾아와서 자신이 병에 걸려 오늘 당장 치료하지 않으면 죽는다고 하더라도 2박 3일 안에는 절대 죽지 않으니 이 말에 겁내지 마라. 또 친한 친구가 급하게 찾아와 "아이고! 친구야 돈 좀 빌려줘" "오늘 막지 않으면 죽는다"고 해도 "3일 전에 오지 왜 이제 와서 그러냐?"고 하며 절대 빌려주어서는 안 된다. 설사 돈을 갖고 있더라도 빌려주면 안 된다. 만약 빌려주었다면 그 길로 친구와는 끝이다. 오히려 친구가 다급해하며 동동거리도록 두어야 한다.

그렇게 쓰라린 경험을 해야 친구가 깨우쳐 다음부터는 그런 상황을 당하지 않을 수 있기 때문이다.

이처럼 조금 느긋하라고 하는 것이 그냥 하는 말이 아니다. 모든 것에는 질서가 있기 때문에 네가 결정을 해서 행하는 데에도 질서가 있다는 것이다. 이 질서를 깨면서까지 그 안에 너무 급하게 설쳐서 행하는 것은 전부 실패를 한다.

話 · 化 · 花 / 3 비밀

問

대화를 할 때 간혹
 "이건 무덤까지 가지고 가야 한다. 너만 알고 있어라"
고 했는데 어느새 말이 새어 나갑니다.
이럴 때는 어떻게 해야 합니까?

答

세상에 비밀은 없다.

이 문제로 당한 사람이 어디 한 둘이겠느냐? 답부터 말하면 세상에 비밀은 절대 없다. "너만 알고 있어라" 하며 말을 했다면 이미 비밀은 끝났다.

비밀이 되려면 네 입에서 아예 그 말이 나오지 않아야 된다. 원천봉쇄를 해야 된다는 말이다. 아무리 "너만 알고 있어라" 하며 상대에게 말했을지라도 내일 또는 한 시간 후에 둘 사이가 조금이라도 틀어지면 바로 비밀이 새 나가버린다.

앞에서 말했듯이, 어떤 말을 전했으면 그 말을 가지고 노는 것은 이제부터 상대에게 달려 있지 네가 어떻게 할 수 없다. 즉, 한 번 나간 것은 다시 되돌릴 수 없다는 것이다.

그래서 네가 잘못했다면 잘못한 만큼 회초리로 돌아오고, 네가 잘했다면 잘한 만큼 존경으로 돌아온다.

네 입에서 떠나 상대의 귀로 들어간 것은 더 이상 네가 조정하지 못한다. 즉, 세상에 나간 것은 절대 비밀이 지켜지지 않는다. 그러니 상대가 비밀을 지켜주겠다고 하는 것도 절대 믿지 마라. 네 것은 네가 가지고 있을 때만 비밀이 되고 지켜질 수 있다.

그러나 간혹 사람들은 친구에게도, 부모에게도 말 못하던 자신의 비밀이나 어려움을 또 다른 누군가에게 말하는 경우가 있다. 왜? 사람은 발설을 해야만 고쳐지거나 풀 수 있기 때문이다. 이때 아무에게나 발설을 해도 되느냐? 아니다. 오직 스승에게만 해야 한다. 즉, 스승에게 자신의 어렵고 갑갑하고 막혀 있는 것을 말하면서 바르게 잡아달라고 해야 하는 것이다.

이때 스승이라는 자는 어떻게 해야 되느냐? 들은 것을 죽을 때까지 비밀로 가지고 가야 한다. 이것이 성직자이다. 성직자는 이름만 성직자가 아니라 자신의 행함이 성스러운 자이어야 한다. 즉, 인간에서 사람으로 성장을 다하여 상대를 대하는 자로, 그런 사람에게 스승이라는 이름이 붙는 것이다. 그러나 스승이라 하여 처음부터 무조건 믿고 따르면 안 된다. '아, 내가 믿을 수 있는 분이다. 이 분에게 가르침을 받고 의논하리라'는 생각이 들더라도 제일 길게 100일은 생각하고, 짧더라도 3일이나 7일은 생각해보아야 한다. 그래도 안 되면 21일을 생각해 보아야 한다. 그렇게 해야 상대를 알고 내 안의 것도 끌어내어 의논할 수 있다. 그냥 쳐다보고 좋다고 무조건 내놓으면 분명히 당하니 의논할 때에는 상대가 너의 의논 상대가 되는지부터 신중하게 먼저 타진해 보아야 한다.

이때 스승을 어떻게 구분하느냐? 너의 어려움과 너의 생각을 전부 던져보아 그 고통을 쓸어안을 수 있는 사람인지 먼저 확인을 해보고 나서 모든 것을 흡수하고 좋은 에너지를 내어주는 사람 즉, 네가 아무리 포악한 성격을 내놓아도 그것을 모두 흡수하고 좋은 에너지를 내어주는 사람을 너의 스승으로 모셔야 한다. 그리하여 스승에게 너의 어려움과 풀지 못하는 것을 하소연하고 털어 놓게 된다. 이때는 비밀을 지켜달라고 내놓는 것이 아니라 전부 정리를 하기 위해서 내놓는 것이다. 스승 역시 본인이 스승이 되고자 한다고 되는 것이 아니다. 스승으로 모시고 맞이하려는 사람의 마음이 동(動)해야 스승이 되는 것이지 그렇지 않으면 아무리 많이 알아도 그 사람에게만은 스승이 될 수 없다.

  그러므로 스승이 아닌 자에게 처음부터 네 속의 것을 내놓으면 상대는 그것을 약점으로 삼아 너의 목을 조르게 된다. 지금까지 사회에서 일어나는 행태가 바로 이것을 몰라 다 당했던 것이다.

민족이여 깨어나라

話 · 化 · 花 / 4 솔직한 대화

問

대화를 할 때 흔히 상대에게 솔직하게 말하라고 하는데,
그런 대화가 쉽지 않습니다.
어떻게 하면 솔직한 대화를 할 수 있습니까?

答

신뢰를 먼저 쌓아라.

아무리 네가 솔직해지려 해도 상대가 지금 너와 통해야 솔직해질 수 있다. 즉, 정확히 서로에게 신뢰가 쌓여야 솔직한 대화가 된다. 이때는 솔직하지 말라고 해도 솔직히 나오게 되어 있다. 이처럼 솔직한 대화는 자동적으로 되는 것이다.

네 자식에게도 마찬가지이다. 아무리 솔직히 말하라고 해도 자신의 뜻과 부모님의 척도를 맞추어 딱 그만큼만 말을 하지 절대 자식은 솔직하게 말하지 않는다. 그러니 너의 자식이, 너의 부인이, 너의 남편이 너에게 솔직하다고 생각한다면 꿈을 깨라.

사람은 누구나 상대와 비례하여 그 두께만큼 자신이 조정을 한다. 그러므로 무조건 상대에게 솔직히 말하라고 하는 자가 등신이다. 만약 네가 행실을 분명히 했다면, 그 말을 하지 않아도 정확하게 솔직한 것만 듣게 된다. 거짓말을 하든, 안 하든 그것은 본인들의 자유이니 이런 것에 끌려 다니지 말고 자신이 갖춘 만큼 대하라. 네가 거짓말하고 싶으면 해라. 이때 상대가 갖춘 사람이면 네가 거짓말하는 것도 정확하게 다 알고 그 거짓말에 넘어가지 않겠지만, 갖추지 못한 사람이라면 그 거짓말로 인해 곤란한 경우를 당하게 해야 한다. 그리하여 그것을 거름 삼아 그 자도 이제부터 갖추도록 해야 한다.

거짓말하면 나쁘다고 할 자격은 너에게 없다. 거짓말도 상대가 하는 것이고 그 또한 상대의 인생이다. 상대의 것을 네 잣대로 놓고 네 말대로 되리라는 생각을 버려라. 그 생각을 가지고 있는 이상 너는 꿈에서 못 깨고 늘 당하고 살아야만 된다.

자신을 맞추어라. 정확하게 갖춘 만큼 상대는 바르게 다가온다. 그러니 이제부터는 오히려 '솔직히 말하라' 버리기 운동을 해야 한다.

민족이여 깨어나라

話 · 化 · 花 / 5 지적(知的)인 대화

問

대화할 때 지적(知的)으로 말을 잘할 수 있으려면 어떻게 해야 합니까?

答

상대의 것을 끌어내어 먼저 듣고 말을 하라.

대화를 하다보면 말을 잘하는 사람이 있고 잘 듣는 사람이 있다. 이때 듣는 사람은 말을 많이 안 해도 듣고 나서 요점만 몇 마디 하면 다 통한다.

말을 많이 한다고 대화를 잘하는 것이 아니다. 상대를 얼마나 잘 이해할 수 있는가 즉, 이해력이 성숙된 자가 대화를 잘하는 사람이다.

말을 잘하는 사람이라고 하면 말 재주가 있는 것이지 대화를 잘하는 것이 아니다. 오히려 말 잘하는 사람이 제일 고생을 많이 한다. 왜냐하면 쓸데없는 말을 많이 하면 채찍을 많이 맞기 때문이다. 말은 쓸모 있는 말을 했을 때 말이라고 하는 것이지 쓸데없는 말을 한 것은 말이 아니다. 그것은 쓰레기 같은, 쓸모없는 영체를 내놓는 것이다. 그러니 우리가 말을 잘하는 것과 말을 많이 하는 것의 분별을 바르게 해야 한다.

　대화를 할 때에는 네가 먼저 말하기보다 상대의 말을 먼저 경청할 수 있는 분위기를 만들어 작은 화젯거리나 상대가 좋아하는 것부터 시작하여 대화를 연결시켜 가야 한다.
　자기 것을 이야기하는 사람은 자기주장을 하는 것이지, 대화를 하는 것이 아니다. 자기주장을 한다는 것은 네가 지금 추진하고자 하는 데에 무언가 모자라기 때문에 남에게 이야기를 하는 것이다. 만약 바르게 잘된 것이라면 남에게 이야기할 필요도 없이 지금 바로 추진해 버린다. 그런데 네가 남에게 주장을 하고 있다는 것은 네가 알고 있는 것에 뭔가가 모자람이 있어 꺼내 놓는 것으로, 이렇게 주장을 많이 하는 사람은 지금 무언가 얻고자 하는 것이지 바른 것을 내놓는 것이 아니다. 오히려 상대가 뭔가 바른 것을 찾아주기를 바라고 있는 것이다. 물론 자신은 그렇지 않다고 하지만 주장하고 있는 그 자체가 바른 것을 찾아 줄 사람을 찾으러 다니는 것이다. 그래서 그에 대한 해답을 얻지 못하게 되면 여기 가서 그 말하고, 또 저기 가서 그 말하게 된다. 아직 답을 찾지 못했다는 증거이다.

사람이 주장을 한다는 것은 자신의 모자란 것을 꺼내고 있는 것으로, 그것을 듣는 사람은 마음을 활짝 열고 잘 품으면 거기에서 답이 보여 상대에게 답을 내어줄 수 있게 된다.

대화를 지적으로 하려면 상대의 것을 먼저 끌어내어 듣고 나서 말을 해야 최고의 지적인 대화로 이끌어 갈 수 있다.

話 · 化 · 花 / 6 유머

問

대화를 할 때 유머가 있는 사람이 있고
그렇지 못한 사람이 있습니다.
보편적으로 사람들은 유머 있게 말을 하는 사람을
따르고 좋아합니다. 과연 유머 있게 말하는 것이
더 좋은 것인지 가르쳐 주십시오.

答

유머는 재주에 불과하다.

우리 인간에게는 오만 가지 재주를 제각기 다르게 주었다. 유머 있는 것도 하나의 재주로, 재주를 부리면 단지 인기는 얻을 수 있다. 그러나 재주를 부리는 것으로 존경은 받을 수 없다.

인기를 얻으면 어떻게 되느냐? 사람이 많이 오게 된다. 음식을 잘하는 것도, 침을 잘 놓는 것도, 노래 잘하는 것도, 글을 잘 쓰는 것도 마찬가지이다.

그들은 재주를 가지고 있는 것이지 갖춘 사람이 아니다. 하지만 그런 재주를 가지고 인기를 얻으면 사람이 오게 되고 그 안에서 경제도 일으킬 수 있고 힘도 가지게 된다. 이때 그 힘을 바르게 잘 쓴다면 굉장히 유익하지만 자신을 갖추지 않고 그 힘을 잘못 쓴다면 후회와 엄청난 고통 속에서 일생을 망치게 된다.

이렇듯 인기를 얻는 것은 시간상 한계가 있고, 재주는 함부로 쓰는 것이 아니다. 그래서 네가 갖춘 만큼씩 재주를 써야 되고 네가 재주를 쓴다면 동시에 스스로를 갖추어가야 한다.

경제 역시 마찬가지이다. 너에게 경제가 많이 온다면 경제를 바르게 쓸 수 있도록 스스로를 갖추어야 하고 사람이 너에게 많이 온다면 그들을 잘 이끌 수 있도록 자신을 갖추어야만 한다. 그렇지 못하면 그 힘에 눌려 엄청나게 고생을 하게 된다.

여기서 인기와 존경에 대해 좀 더 알아보자. 30대, 40대에 아무리 노력하고 열심히 일을 하고 뛰어난 재주를 부려도 그때는 절대 존경받지 못한다. 단지 대자연에서 준 끼를 부리며 사람몰이를 하는 것에 불과하다. 그러나 50대에 가면 그가 잘했는지, 잘못했는지 정확하게 표가 난다. 그래서 준 조건을 잘 쓴 자는 이때부터 아주 행복해질 것이고, 잘못 쓴 자는 엄청난 고통을 받게 될 것이다. 인생을 바르게 살았을 때 행복은 50대부터 일어난다. 30대, 40대에는 절대 행복한 법이 없다.

그렇다면 행복은 무엇이며 좋은 것은 무엇인가? 말 그대로 좋은 것은 좋은 것이지 행복한 것이 아니다. 행복하다고 하는 사람이 어찌 조금 있으면 행복하지 않다고 하는가? 행복은 한 번 오면 절대 없어지는 것이 아니다. 한번 행복하면 영원히 지속되고 심지어 영혼이 되어서까지도 지속된다. 그런 것이 행복이지 좋다가 마는 것은 좋은 것이지 행복한 것이 아니다. 그래서 30대, 40대는 기분 좋은 일은 있을 수 있어도 그것이 절대 행복은 될 수 없다.

30대, 40대에 네가 재주와 기운에너지를 발휘하여 네게 주어진 인연들에게 많은 이로움을 주어 인기를 얻어놓았다면 50대가 되어 어떻게 되느냐? 앉아서 일을 하게 된다. 30대, 40대는 손발로 뛰며 일해야 하지만 50대가 되면 앉아서 일하는 것이 대자연의 근본이다. 그래서 50대가 되면 어른이 된다. 어른은 쫓아다니면서 일을 하지 않고 앉아서 정치를 한다. 이때 '정치'라 함은 네 앞의 인연들이 정신적으로 또는 옳고 그름을 분별하기 위해 도움을 받으러 왔을 때, 그것을 바르게 분별해 주는 것을 말한다.

이 일은 쫓아다니면서 하는 것이 아니라 앉아서 하는 것이다. 다시 말해, 젊었을 때 너에게 준 힘을 가지고 사람을 잘 대했다면 그들이 네가 50대가 되어 자리에 앉으면 그곳으로 찾아오게 된다. 네가 찾아가는 것이 아니라 사람들이 너를 찾아오면 잘 인도해주고 이끌어 주는 자가 어른이다. 정신적인 일부터 사람이 살아나가는 데 무엇이든지 바르게 이끌어 주는 행을 하는 자는 존경을 받는다.

그러면 60대가 되면 어떻게 되느냐? 대인이 된다. 이때는 존경을 받는 것이 아니라 추앙을 받는다. 이제 대모, 대부가 되는 것이다. 존경을 받는 분이 어른이고 추앙을 받는 사람이 대인으로, 그들의 인생은 허망하지 않고 아주 행복하게 된다. 사람이 바르게 살면 그렇게 기쁠 수가 없다. 그리고 그 기쁨으로 행복해지는 것이다. 하지만 잘못 살았다면 50대부터 표시가 난다. 이때부터 하나하나 네 마음을 찢어놓는 일이 생긴다.

자식을 잘못 키웠다면 정확하게 50대부터 하나씩, 하나씩 표가 난다. 처음에는 조금이지만 시간이 지나면 더 크게 표가 나서 55세, 60세가 되면 잘못된 것들이 정확히 드러나 그 기운을 다 받게 된다. 그런데 이것을 모르고 "아이고, 우리 아들은 똑똑하고, 효도도 잘한다"는 소리를 40대, 50대 초반에 한다. 하지만 이것은 시간을 조금 두고 봐야 한다. 아직 결과가 드러난 것이 아니기 때문이다. 그러므로 그런 자랑을 함부로 하지 마라. 지금 그 소리를 했다면 조금 후에 고개 숙이고 말도 못

할 때가 온다. 50대부터 어려움이 오는 것은 누가 도와주지도 않는다.

우리가 왜 젊은 자제들을 공부하도록 이끌어 주어야 되느냐면 우리의 전철을 밟지 않도록 하기 위함이다. 인생은 50대부터이며, 행복하려고 사는 것이지 젊었을 때 기분 내기 위해 사는 것이 아니다.

노후에 네가 어떤 모습으로 세상을 마감하고 가느냐로 인생을 잘 살았는지, 잘못 살았는지가 드러나게 된다.

話 · 化 · 花 / 7 수직·수평 대화

問

대화에는 부모 자식, 직장 상사와 부하,
사회의 선후배 사이에서 하는 수직대화와
그와 반대로 친구 간에 하는 수평대화가 있습니다.
이런 관계 속에서 대화를 잘하려면
어떻게 해야 하는지 가르쳐 주십시오.

答

수직·수평 대화는 없다.

　대화는 나이순에 따라 잘하고 못함이 아니라 정확하게 자신의 갖춤만큼 하는 것이다. 그래서 수평대화라는 단어는 있을지라도, 절대 대화는 수평으로 이루어질 수가 없다.

　토론을 수평대화라고 한다지만, 엄격히 말하면 이것은 대화가 아니라 서로 각자의 의견을 꺼내놓고 주장을 하는 것이다. 지금 TV에서 정부 관료와 박사들이 나와 토론을 많이 하지? 그 토론에서 답이 나온 적이 있더냐? 없다.
　대화를 하면 답이 나오지만 토론을 하면 답이 나오지 않는다. 그래서 토론하는 프로그램을 보고 나면 항상 답답하고 갑갑했던 것이다.

대화는 답을 내기 위해서 하는 것이므로 답을 내고자 하지 않는다면 대화가 필요 없다. 또 주장이라는 것도 주장일 뿐이지 대화가 아니다. 그런데 이런 것들이 전부 다 혼동되어 두루뭉술하게 쓰이고 있다.

대화를 말 그대로 푼다면 '큰 말로써 큰 세상을 연다'는 것으로, 답이 나와야 큰 세상이 열어지는 것이다. 그러니까 '대화'에서 '화'는 큰 꽃(花)으로 상징해도 되고, 열고 피는 것(花)으로 상징을 해도 되고, 막힌 기운을 확 터주는 의미를 상징할 수도 있으며, '변화(變化)한다'는 의미도 된다. 그러므로 크게 여기는 것이 대화로, 그냥 소곤거리는 것은 대화가 아니다.

앞에서도 말했지만 대화를 잘하려면 먼저 상대 말을 잘 들어야 한다. 예를 들어, 오랜만에 모임에 나가면 상대가 주장을 하며 자기 이야기를 많이 한다. 이때 가만히 듣기만 하면 상대가 오만 것을 다 꺼내 놓는다. 이렇게 1차적으로 듣고 있으면 주장하는 상대는 밑천이 많지 않기 때문에 시간이 조금 지나면 밑천이 떨어진다. 이때 얼른 받아서 성급히 이야기를 하면 대화를 망치게 된다. 상대가 자신의 주장을 1차적으로 마치면 차를 한 잔 하며 조금 더 기다리다 보면 2차적으로 말을 하기 시작한다.

처음에는 오만 가지 것을 꺼내다 2차적으로 이야기할 때에는 몇 개로 압축하여 이야기를 한다. 이때는 자기가 지금 하고 싶은 것을 간추린 것이다. 앞의 것을 잘 들어 주었기 때문에 이제는 자기 것을 주장하지 않고 의논하는 것처럼 이야기를 내놓게 된다. 상대가 잘 들어 주니 뭔가를 꺼내도 되겠다 싶어 내놓는 것이다. 이제 그 자로부터 신용을 얻게 된다. 이때부터는 진짜 핵심을 내놓는다. 이것을 딱 듣고 나면 정확하게 답이 나온다.

답을 일부러 내려고 할 필요가 없고 상대가 대자연의 기운이 무엇인지는 모르지만 이미 감으로 느끼고 그 기운에 따라 스스로 네가 이해할 수 있게 말을 한다. 그래서 그것을 듣고 나면 너도 모르게 답이 나오게 된다.

그 답은 어떻게 나오는 것이냐? 지혜가 발휘되어 답을 내는 것이지 너의 생각으로 답을 내는 것이 아니다.

이렇듯 우리는 지혜를 쓸 줄 모르는 것이지 가지고 있지 않은 것이 아니다.

이 민족의 30%는 지혜를 쓸 수 있는 에너지를 가지고 있으며 우리 마음에너지 속에 그것이 들어 있다. 그래서 인류에서 최고로 기운이 큰 지도자 민족이라는 것이다. 그런데 이것을 쓸 줄 몰라 지혜를 발휘하지 못하고 있다.

지혜를 얻으려고 30년, 70년 동안 앉아있는 사람은 등신이다. 네가 태어날 때 마음에너지가 생성되어 21세까지 성장하는 동안 지혜를 발휘할 수 있는 마음에너지도 다 성숙되어 지혜가 나올 수 있게 되어 있다.

상대가 말을 할 때 쓸데없는 말을 해도 그 말을 들어 주어야 한다. 그것은 시간을 내버리는 것이 아니니 상대가 진짜 말하기를 원하고 너에게 그러한 시간이 배려된다면 상대가 말을 할 때에는 경청하고 다 듣고 난 후에 결정을 해야 한다.

그러면 부모 자식 간의 대화가 수직대화인지 수평대화인지 가르쳐주시고 또 대화를 하다보면 간섭과 충고를 하는 경우가 있습니다. 이 방법이 과연 옳은 것인지에 대해서도 깨우쳐 주시기 바랍니다.

지금 부모 자식 간의 대화는 수직으로 하고 있다. 위에서부터 아래로 일방적으로 지시하며 간섭하고 있다. 그래서 자식이 부모에게 뭐라고 하면 "어디 말대꾸 하느냐?"고 입을 막아 버린다.

이것은 대화가 아니다. 수직은 대화가 될 수 없으며 단지 주장을 하는 것인데 거기에 대화라는 단어를 붙여 수직대화라고 해버린 것이다. 대화는 서로가 막혀있는 것을 푸는 것이다. 그런데 지금 대부분 부모가 자식에게 "이렇게 하라, 저렇게 하라"고 엄포를 놓으며 힘의 논리로 묶어놓고 대화하자고 한다. 대화가 아닌 것으로 대화하자고 하니 자식이 이해를 못하는 것이다.

인간은 몸 자체가 대자연의 센서로, 이는 어릴수록 더욱 깨끗하게 반응한다. 그래서 상대가 어떻게 하느냐에 따라 반사신경이 저절로 반응하게 된다. 따라서 부모는 지금 이렇게 하면 되는 줄 알지만, 자식은 그렇게 하면 안 된다는 것을 자기도 모르게 안다.

위에서 아래로 하는 수직대화는 없으며 그것은 부모의 주장으로 힘 없는 자식을 뭉개는 것이다. 그래서 시간이 지나면 지날수록 자식들이 갑갑해지고 답답해져 자기 멋대로 하려고 하면서 오만 가지 방법으로 불만을 분출하는 것이다. 계속 이런 식으로 부모와 자식의 대화가 이어진다면 앞으로는 서로가 더욱 힘들어진다.

자식과 바른 대화를 하려면 어떻게 해야 되느냐? 자식에게 물어야 된다. 자식은 자신의 크기만큼 생각을 하는데 부모는 그 생각을 모르니 그것을 물어야 한다. 일단 물어서 이야기를 다 듣고, 거기서 분별을 하여 부모 생각도 조금 꺼내 합의를 보아야 한다.

이때 합의라 함은 무엇을 말하느냐? 자식과 의논하라는 것이다. 자식은 7세가 지났다면 정확하게 의논할 상대가 된다. "아니 꼬맹이와 무슨 의논을 하나?" 하겠지만 의논이라는 것은 물어야 된다는 뜻이다. 자식에게 간섭과 충고를 하려면 물어서 바르게 말을 해야지, 묻지도 않고 자식 생각도 모르면서 내 것만 주입하면 안 된다. 만약 그렇게 하면 그때부터 자식을 완전히 망쳐 놓는 것이 된다. 부모가 자식의 말은 묵살하고 부모 말만 하면서 "안 하니? 안 하니?" 하는데, 그렇게 해서 잘못되는 것은 부모가 다 책임져야 한다.

지금 자식의 인생길을 막아버리는 방법으로 키우면서도 오히려 자식을 위해서 했다고 한다. 자신을 위해서 했지 어찌 자식을 위해서 했다는 말이냐? 이러한 자기편의주의적인 삶은 잘못된 것이다.

자식이 바르게 성장하지 못하면 부모가 50대가 되어 정확하게 표가 나기 시작한다. 효도를 하지 않는 것은 물론이고 부모를 깔보거나 무관심하게 된다. 이것은 전부 다 부모가 어릴 때부터 자식에게 잘못한 것들이 표가 나는 것이다.

자식이 어리다고 어리게만 보고 무시해서는 안 된다. 자식도 하나의 개체로 자기 존엄성을 가지고 인생을 살아나갈 권리를 가지고 이 세상에 온 것이다. 그런데 이것을 부모가 막았다면 정확하게 부모가 다친다. 지금 연로한 부모가 힘을 못 쓰는 이유가 바로 여기에 있다.

자식을 부모 마음대로 키웠기 때문에 자식이 성장을 하여 자기 주체로 행할 때, 자신의 인생을 제대로 살지 못해 그 화풀이가 돌아오고 있는 것이다. "어릴 때는 안 그렇더니만…" 하는 이유가 어릴 때는 부모가 시키는 대로만 했기 때문이다. 그러니 사회를 나무라지 말고 자식도 나무라지 말며 지금 처해져 있는 상황이 자신이 살아온 삶의 거울이라고 생각하라. 자식을 원망하면 부모만 더욱 어려워진다.

다시 말하지만, 절대 수직대화는 있을 수 없으며 그것은 단지 자기주장일 뿐이다. 너의 주장으로 상대를 누르려고 하면 안 된다. 물론 본인은 상대를 누르는 것이 아니라고 하겠지만 주장은 분명히 상대를 누르는 것이다.

그러므로 이런 습관을 가지고 있다면 앞으로 상대를 존중하는 수련을 해야 한다.

話 · 化 · 花 / 8 이중인격

問

대화를 하다보면 상대방이 내 앞에서 하는 말과
다른 사람 앞에서 하는 말이 달라 당황스런 경우가 있습니다.
이러한 것을 두고 이중인격이라고 하는데
이런 성격의 소유자들을 어떻게 대해야 합니까?

答

인간자체가
다중성격을 쓰게 조물되어 태어났다.

우리가 상대를 보며 이중성격이니, 삼중성격이니 하며 그 사람을 미워한다. 그러는 본인은 몇 중 성격인지 한번 세어 보아라.

인간자체가 이중, 삼중, 사중 성격을 쓰게 조물되어 태어났다. 그래서 상대에 따라 일중만 쓰기도 하고 이중만 쓰기도 하고 어떤 경우에는 팔중까지 쓰기도 한다. 이것을 두고 뭐라고 할 일이 아니다. 그렇게 변하는 것은 너와 상대의 신용도에 따라, 또 네가 바르게 살았는지 아닌지 그 척도에 따라 정확하게 센서들이 일을 한다. 그러니 이것을 가지고 상대를 미워해서는 안 된다.

지금 일어나는 일은 전부 다 너에게서 비롯된 것이다. 상대가 너에게 이중성격을 쓴다면 정확하게 상대가 그렇게 할 수밖에 없도록 네가 행한 것이기에 그것을 보게 되는 것이다.

너 역시 그런 사람을 만나면, 정확하게 이중, 삼중, 사중 성격도 쓴다. 그런데 이런 원리를 모르고 상대를 미워하고 있으니 이것이 세상의 큰 병폐이다. 아무리 상대가 이중성격을 쓴다할지라도 상대를 미워하는 것으로는 해결되지 않으니 네가 좋아지려면 상대를 미워하지 마라.

지금 이중, 삼중성격에 당하고 있다면 너를 되짚어보라. 스스로를 갖추면 정확하게 그런 사람은 네 앞에 오지 않는다.

민족이여 깨어나라

話 · 化 · 花 / 9 지식과 대화

問

논리정연하게 말을 하려면
지식을 많이 갖추어야만 할 수 있다고 생각합니다.
어느 정도 지식을 갖추면 할 수 있는지 여쭙고 싶습니다.

答

지식이 많은 것과 대화를 잘하는 것은 다르다.

　지식을 많이 갖추었다는 것은 책을 많이 보았다든지 뭔가를 많이 들었다든지 하여 기억력이 좋아서 많이 외우고 있는 것을 말한다. 지금의 공부법들은 전부 다 1안 즉, 껍데기에 불과한 것으로, 이렇게 채워놓은 것은 많이 외워 놓은 것일 뿐 지혜로 쓸 수 없다. 또한 이렇게 많이 외워둠으로써 다른 것을 할 수 있는 공간을 없애버린 것이 된다.
　이것이 논리정연하게 말하는 데에 도움이 될 것이냐? 안 된다. 오히려 막고 있어 무겁다. 외워 놓은 것 때문에 다른 것이 막혀 있어 논리정연해지지 않는다. 외워 놓은 것을 쓰려고 하면 대자연의 법도대로 움직여지지 않는다.
　외워 놓으면 다른 곳의 센서가 다 막히게 된다. 그래서 많이 외우고 있는 사람은 다른 쪽의 감각이 매우 떨어진다.

왜 우리 국민들에게서 창의력이 나오지 않느냐? 이때까지 암기식의 공부를 했기 때문이다. 우리는 지금까지 주입하고 외우는 것을 지식으로 알고 자꾸 쌓고 있다. 이것은 먼지가 쌓이고 있는 것으로, 쟁이들이 하는 것이다. 이런 사람은 숙련공은 될 수 있어도 지도자는 될 수 없다. 그래서 책을 보고 많이 알고 있는 사람은 자신이 알고 있고 외우고 있는 것을 고집하기에 고집쟁이가 되고 지도자 품성이 갖추어지지 않는다. 그래서 절대 지도자가 될 수 없다.

논리정연하게 하려면 지식과는 상관없이 상대의 이야기를 잘 들으면 된다. 상대의 이야기를 듣지 않고는 논리정연하게 말을 할 수가 없다. 절대 안 나온다.
말 재주가 좋은 것과 논리정연하게 말하는 것은 다르다. 재주로 하는 말은 얕지만 상대의 이야기를 진심으로 받아주어 나오는 말은 아주 깊이가 있다.

이제는 말 재주가 좋은 사람이 지식을 많이 가지고 있다는 사고를 깨야 한다. 이러한 고정관념을 가지고 있으면 정확하게 실패한 인생을 살게 된다.

 오늘 여러 경우의 대화에 대해 알아보았다. 올바른 대화법으로 실수하지 않고, 어려움을 겪지 않고, 상대에게 존중받고, 신용도 쌓아 놓아야 된다. 신용이 많이 쌓였다면 내가 답을 내기 쉽게 상대가 말을 내놓기 시작하며, 이때 지혜로 답을 내놓으니 하나도 틀리지 않게 된다. 그러면 상대는 고마워하게 된다. 이처럼 대화로 서로 교류하는 속에서 어려움이 전부 다 풀리게 된다.

Part 4

*우리*가 모임을 가지고 있다면
그곳에서 만나는 사람을
굉장히 소중하게 여겨야 된다.

내가 못 푸는 것은
그곳에서 다 풀 수 있게 되어 있고,
모자란 것 또한 그곳에서
모두 가져올 수 있게 되어 있다.

단지 그 속에서 무엇을 가져와야
하는지를 모르고 있을 뿐이다.

제9강 모임은 보물창고

問

우리 국민은 신앙단체를 비롯하여
동문회, 애향회, 봉사단체, 사회단체에서 많은 모임을 가지고 있습니다.
특히 연말연시가 되면 망년회라는 이름으로 흥청망청 술이나 마시며
그 시간을 무의미하게 보내고 있습니다.
어떻게 하면 이러한 모임을 올바르게 할 수 있는지 가르쳐 주십시오.

答

모임, 그 속에 답이 있다.

오늘 모임문화에 대하여 참신하고 재미있게 한번 풀어보자.

모임을 가지는 것은 굉장히 좋다. 그래서 모임문화를 잘 활용하기만 하면 그 안에서 무엇이든지 다 이루어 낼 수 있다. 우리나라만큼 모임이 많고 잘되어 있는 곳이 없다.

사람이 모이는 것은 뭔가를 하기 위해서이다. 지금 반짓계니, 여행계니 하며 모이는 것은 모두 모이기 위한 명분일 뿐이지 단지 그것 때문에 모이는 것은 아니다. 사람을 모으기 위해서는 명분이 있어야 한다. 밥으로 모으든, 경(經)으로 모으든, 침을 잘 놓는 재주가 있어 모으든, 무엇을 가르쳐 준다고 모으든, 노래를 잘하여 모으든 어떠한 방법으로든 명분이 있어야 한다.

그런데 그 명분으로 모아놓고 무엇을 하고 있느냐? 명분으로 모이게 하는 것은 1차적인 것인데 더 이상 아무것도 못하고 거기에 머물러 있다. 가게를 보더라도, 그곳에는 각지의 사람들이 모인다. 그런데 그곳에서 돈을 받고 옷을 팔고 밥을 팔고 차를 팔며 1차적인 것만 하고 있다.

사람들이 모이면 서로가 모르는 정보를 모을 수 있다. 사람들은 끼리끼리 모이지만, 그 스타일은 제각각이다. 직업도 다르고 각자 근기도 모두 다르다. 그래서 어떤 명분을 가지고 모였다면 다른 일을 제쳐두고 시간을 소비하며 모인 만큼 이제 그 명분은 놔두고 중요한 것을 논해야 된다. 여기서 중요한 것이란 "네 남편 요새 뭐하니? 회사에서 얼마 받니?" 이런 것을 말하는 것이 아니다.

그렇다면 무엇을 하기 위해 모여야 하느냐? 서로 교류하기 위해 모여야 한다. 모임에 오기 전까지 사회생활을 하면서 뭔가 막히는 것들이 많이 있다. 그래서 고등학교 때까지는 모임을 많이 하지 않고 대학교 때부터 모임을 많이 하기 시작하는 것이다.

이렇게 모일 때에는 각자가 막힌 것을 가지고 온다. 이때 막혔다는 것은 무언가 모르고 모자라기 때문이다.

그래서 그 모임 속에서 나에게 모자라는 것은 상대가 체험한 것을 받아서 채우고, 또 상대에게 모자라는 것은 내가 체험한 것을 주어 서로 상생이 되도록 해야 한다.

사람에게는 필요한 것이 수없이 많은데 그것을 내가 가지고 있는 재주와 혼자의 생각만으로 해결하기에는 턱 없이 부족하다. 그래서 모임을 가지고 그 속에서 나의 모자란 것들을 채워야 한다. 그러나 지금은 그 깊이를 보지 못하고 단순히 그 명분만 논하고 일상적인 이야기들만 하다가 헤어지고 있다. 그러다 보니 10년이 가도 얻는 것이 없고 시간만 낭비하다 결국 "에이고~ 만나봤자 그러네" 하는 것이다. 그 모임이 조금 오래 간다 해도 얼마 더 가고 못 가고의 차이지 결국 시간만 끌다 헤어진다.

네 앞에 사람이 왔다면 그 사람에게 어떠한 것도 표현할 수 있는 기회를 받은 것이다. 그리고 너를 향해 모였으니 네가 무엇이든 내어놓으면 흡수가 되도록 되어 있는데, 이렇게 좋은 조건을 가지고도 아무것도 하지 못하고 있다.

우리 민족은 도를 닦는 민족이기에 공부를 하기 위해 모임을 갖는다. 즉, 도를 닦는 민족이 모이는 곳에는 사상을 교류하는 장(場)이 펼쳐진다.

그런데 지금 이 민족에게는 교류할 사상이 없다. 그래서 기껏 교류한다는 것이 "그 회사는 어때? 네 남편 요사이 뭐해? 월급은 얼마나 받아?" "아파트를 싸게 사서 아주 비싸게 팔았어" "그 밍크코트 못 보던 건데" "머리는 어디서 잘랐어?" "반지 예쁘다. 그 반지 얼마짜리야? 어디서 샀어?" 하며 매번 먹고사는 이야기나 물건 사는 그런 이야기들을 정보라고 하며 교류하고 있다. 그러니 발전이 없는 것이다.

사람이 이동하는 것은 정보를 이동하기 위함이다. 다시 말해, 정보는 사람에게 실려서 온다. 이 정보라는 것도 먹고사는 일상적인 것이 아니라 인생을 살기 위해 스스로를 더욱 발전시킬 수 있는 지적인 정보 즉, 사상정보를 말한다. 그래서 모임을 통하여 서로 사상을 교류하며 정보를 나누어 잘못 분별하는 것이 있다면 자신을 크게 키워 바른 분별을 하도록 해야 한다. 그래야 너의 인생에도 득이 되고 상대에게도 진정 도움이 되는 친구가 되는 것이다. 그러나 지금은 이런 것을 모르다 보니 모이기 위해 들였던 직·간접 비용들이 깡그리 없어지고 마는 것이다.

사람들이 한 번 모이기 위해서는 굉장히 많은 비용이 들어간다. 모임에서 회비를 3만 원씩 내기로 했다 하여 단지 3만 원만 드는 것이 아니다. 모이기 위해 각자의 일정을 조정하는 비용이 들뿐 아니라 모임에 오고가기 위한 경비와 사람들의 이동으로 인해 생기는 교통난과 차를 움직이기 위한 기름값, 그리고 모임에 가는 사람들을 이동시키기 위해 기사가 해야 하는 수고까지 여러 가지가 복합되어 사회의 직·간접적인 유·무형의 비용이 어마어마하게 들어간다.

그런데 그렇게 모이고서 반지 하나 타고 그냥 웃고 떠들다 밥 한 그릇 먹고 헤어지고 있다. 이렇게 엄청난 비용을 소모하면서 모였음에도 모임의 진정한 의미를 제대로 보지 못하니 그것으로 인한 국력 낭비는 어마어마하다.

이제 송년이나 신년이라고 하여 모임을 가지면 서로 그냥 만나서 얼굴만 보는 체면치레가 아닌 상대에게 득이 되는 모임을 해야 한다. 그뿐만 아니라 명절에 가족이 다 모일 때에도 서로에게 유익해야 한다. 지금은 가족이 동서남북으로 흩어져 각자 한 길로 살다보니 한 가지 정보밖에 없다. 그런데 얼마 지나지 않아 나에게 한 가지 정보로는 처리하지 못할 일이 다가오게 된다. 그래서 그 전에 서로 흩어져 살던 가족들이 모두 모여 자신의 경험과 정보를 꺼내어 이야기꽃을 피우는 속에서 각자에게 필요한 정보를 얻게 되는 것이다. 따라서 이러한 정보들을 흡수하고 헤어지고 나면 그 후에 다가오는 일은 이 정보로 인해 다 풀리게 된다. 그런데 지금은 이런 의미에서 모이는 것이 아니라 단지 조상제사 때문에 모인다. 그러면 모임에서 얻어갈 것이 없다. 이제는 귀신의 제사를 모시기 위해서가 아니라 사람 때문에 모여야 된다. 그래서 가족들이 모두 모이면 서로 축하도 해주고 격려도 해주고 잘못된 것이 있으면 함께 의논하여 바르게 잡아주기도 해야 한다. 이것이 올바른 가족의 모습이다. 그런데 지금은 모이면 누가 더 잘 사니 못 사니 하며 다른 가족의 흠집이나 티만 찾으며 서로 시샘하고 헐뜯고 눈치나 보고 있다. 이것은 가족이 아니라 오히려 남보다도 더 못하다. 그러기에 지금은 명절날 가족이 잠깐 모였다 헤어지면 싸움이 나지 않지만, 함께 있는 시간이 조금이라도 길어지면 서로 묵혔던 감정이 서서히 드러나 결국 싸움으로 번지게 된다. 그렇게 되기 전에 얼른 일어서야 한다. 그러니 지금과 같은 방법으로 모인다면 얼른 먹고 가버려야 명절을 싸움 없이 분위기 좋게 잘 보낼 수 있다. 세상이 지금 아주 희한하게 되었다.

진정한 가족이란 무엇이냐? 한 이불을 덮고 잔다고 가장 가까운 사람이고, 한 상에 밥 떠먹고 한 지붕 아래 산다고 가족이라고 생각하면 큰 오산이다. 너와 의견이 가장 잘 맞는 사람이 너의 진정한 가족이다. 비록 부모와 자식 간이라 할지라도 서로 의견이 맞지 않고 뭔가 말하기가 껄끄럽고 편하지 않다면 벌써 그만큼 멀어진 것이다. 이는 정확하게 말해 가족이 아닌 길로 가고 있는 것이다.

밖에서 친구를 만나더라도 너를 득 되게 하는 사람이 너의 가족이며 제일 가까운 사람이다. 그 사람은 부모보다도 더 가깝고 형제보다도 더 가까운 사람이다. 혈육이라고 무조건 가깝고, 팔이 안으로 굽어야 한다고 생각하면 너의 인생은 끝난다. 혈육을 따지지 말고, 너의 인생을 득 되게 해주는 사람이 네 가족임을 알고 너 또한 상대의 인생에 득 되게 하는 사람으로 변해야 한다. 부모에게도 득 되는 사람이 되도록 노력해야 하고, 자식에게도 득 되는 사람이 되도록 노력해야 한다. 그렇지 않고 혈육이라 하여 무조건 끌어안고 있으면 서로를 죽이는 꼴이 된다.

내가 붙잡고 있으면서 상대가 인생을 제대로 살지 못하게 하는 것, 이것도 살인이다. 멍청하게 살더라도 눈 뜨고 숨만 쉬고 있으면 살아있다고 생각하지만, 그런 사람은 죽은 것이나 마찬가지이다. 자신의 인생을 펼치지 못하면 죽은 것이다.

상대에게 득이 되어야 된다. 그러면 모임에서 인기 짱이 된다. 그러나 지금까지 모임에 갔을 때 어떻게 했느냐? 득 된다는 것이 무엇인지 모르니 그저 상대에게 친절하게 해주고 잘 챙겨주었다. 그렇게 하여 인기도 좋아졌다. 하지만 인기 있는 줄 알고 까불고 놀다 어느 정도 시간이 지나 주위를 둘러보니 아무것도 남은 것이 없음을 알게 된다. 결국 손해임을 알게 되는 것이다.

상대에게 잘하는 것은 그 상대에게 잘 보이기 위함이다. 그런데 이때 잘 보이려는 것은 그 상대에게 득 되는 것을 줄 때 그것이 잘 먹히도록 하기 위한 바탕을 깔고 있는 것이다. 이때 잘 보여 봐야 사상이 없다면 아무런 소용이 없다. 예를 들어, 자식과 이야기를 할 때 너의 말이 잘 안 통한다면 즉, 신용이 없다면 자식에게 정말 좋은 것이 있어 주고 싶어도 줄 수가 없게 된다.

좀 더 자세히 말하면, 사람은 자기 방어를 스스로 한다. 그래서 상대가 '아니다' 싶은 일을 하는 것을 보면 그 일이 잘못되어 그로 인한 파장이 분명히 자기에게 올 것을 감(感)으로 느껴 미리 그 어려움을 막고자 한다. 그런데 상대에게 쌓인 신용이 없다 보니 이것을 제대로 전달하지 못하고 적당히 이야기하다 상대가 듣지 않으면 그만 두어 버린다. 그러면 충분한 노력을 다하지 않았기에 그 일이 틀어지게 되고 오는 아픔은 정확하게 말리려고 했던 사람에게 온다.

만약 상대방이 하고자 하는 일이 아니라고 판단되면 정성을 다 하여 그 사람이 그 일을 하지 않도록 노력을 다 해야만 한다. 다시 말해, 네가 '아니다'라고 분명하게 선을 그었다면 그 일은 반드시 하지 않게 만들어야 한다. 그런데 대부분의 사람들은 상대에게 하지 말라고 말릴 때 "그렇게 하면 안 돼요! 하지 마세요!"라고 말해놓고 상대가 계속 고집을 피워 잘못되면 그때 말하기를, "그것 봐요. 내가 안 된다고 했잖아요!"라고 한다. 이런 식으로 하면 상대는 절대 듣지 않는다. 하지 말라고 할 때 상대가 그 말을 듣고 하지 않는다면 상대에게 신용이 있다는 것이고, 하지 말라고 해도 말을 듣지 않으면 신용이 그만큼 없다는 것이다. 그런데도 계속 그런 식으로 말을 하면 상대는 "나는 안 되는 한이 있어도 할 거야!"라고 똥고집을 부리며 그 일을 해버린다. 애초에 신용이 없는 자가 상대를 말리는 방법이 잘못되었던 것이다.

그러면 어떻게 해야 되느냐? 상대에게 한 번 이야기를 해서 먹히지 않으면 수단과 방법을 가리지 말고 상대에게 어떤 아양을 떨어서라도 먹히게 해야 된다. 신용을 그만큼 잃었으니 갖고 있는 재주를 다 부려서라도 말을 듣도록 해야 하는 것이다. 자존심이 좀 상하고 내키지 않더라도 상대가 하는 일이 잘못되어 봉변당하지 않으려면 어떻게든 막기 위해 노력해야 한다.

  이렇게 하면 상대는 너의 말을 조금은 들어준다. 그렇게 조금이라도 상대가 들어 주려고 막 불이 붙었을 때 내친 김에 조금만 더 하면 될 것인데 그것을 참지 못하고 그만 또 "에잇! 더러워서 못하겠다! 네 맘대로 해라!"며 다 된 밥에 코를 빠뜨리는 것이다.

  그때가 제일 중요한 때이다. 네가 조금만 더 노력했더라면 상대가 그 일을 안 하게 할 수 있었고, 말리는 바람에 일을 안 했다면 나중에 상대는 안 하기를 잘했고, 했으면 큰일날 뻔했다는 것을 정확하게 알게 된다. 그래서 상대가 "아이고, 그때 말 안 듣고 했으면 큰일날 뻔했네"라는 생각을 하게 된다. 그래도 상대는 너에게 그런 말은 절대 안 한다. 속으로는 칭찬을 하면서도 밖으로는 말하지 않는 것이 원래 조선 사람이기에 미안하고 고맙지만 겉으로 표현하지 않는 것이다. 그러나 이미 네가 정성을 다 했기 때문에 상대가 고마워하는 만큼 잃었던 신용이 돌아와 있다. 즉, 상대가 하는 일이 잘못되어 벼락을 맞는 것이 아니라 신용으로 돌아와 있는 것이다. 이것이 수확이다. 하지만 이때에도 "봐요. 내가 하지 말라 그랬지요?" 하고 잘난 척을 하면 안 된다. 그냥 모르는 척 하고 놔두어야 한다. 그렇게 놔두면 신용이 꽉 여물어지게 되어 상대는 너를 아주 사려 깊은 사람으로 생각하게 된다.

그리고 다음 일을 할 때에도 잘못된 부분이 정확하게 또 보인다. 그때는 네가 "그거요" 하면 상대는 "응, 알았어" 이러면서 말을 바로 듣게 된다. 그때부터는 너의 사상이 먹혀 들어가는 것이다.

노력 없이 대가를 찾으려고 하면 안 된다. 자존심을 내세우지 않고 부드럽고 아주 지적으로 대하면 굉장히 좋다. 그런데 그 자존심을 버리지 못해 상대가 말을 듣지 않는다고 팩 토라지거나 "잘되는지 두고 봐라" 하고는 성을 내고 돌아서 버린다. 이것은 그 일이 틀어지면 자신에게 아픔이 온다는 것을 모르고 하는 것이다. 폭탄을 쏘아 저 멀리 떨어져 그쪽 사람들만 아프면 상관없지만, 이 아픔이라는 것이 쓰리 쿠션으로 탁 탁 탁 돌아 부메랑으로 정확하게 자신에게 돌아온다. 그러니 누구에게도 절대 악한 생각을 갖지 말고, 문제가 보였다면 상대와 상의해서 풀어 가야 문제가 하나도 생기지 않는다.

다시 돌아와, 우리가 모임을 가지고 있다면 그곳에서 만나는 사람을 굉장히 소중하게 여겨야 한다. 내가 못 푸는 것은 그곳에서 다 풀 수 있게 되어 있고, 모자란 것 또한 그곳에서 모두 가져올 수 있게 되어 있다. 모임 안에는 무엇이든지 다 있다. 단지 그 속에서 무엇을 가져와야 하는지를 모르고 있을 뿐이다. 그래서 시너지를 얻지 못해 인생에 아무런 득이 되지 않는 것이다. 그러니 이제 이것을 알고 모임에 모인 사람들을 굉장히 소중하게 여기고 황금 덩어리처럼 끌어안아야 된다. 경제가 부족한 사람은 모임의 네 친구에게 경제가 다 있다. 즉, 너에게 없는 것을 친구에게 주어 모두 고리를 걸어 필요한 연장을 그 모임 안에 다 준 것이다.

사람이 갖추어지면 쓰지 못할 연장이 없고, 갖추지 못하면 쏠 수 있는 연장이 하나도 없다.

가게를 운영하는 사람도 마찬가지이다. 너에게 필요한 것은 가게에 오는 손님에게 다 있다. 그러니 사람만 가까이 해놓아라. 시간 지나 보면 저절로 알게 된다. 오는 사람이 비록 허름한 옷을 입었다 할지라도, 지금 당장 너에게 도움이 되어 보이지 않는다하여 차 한 잔도 주지 않고 그냥 보내서는 안 된다. 우리나라 사람은 은은한 향이 나는 것을 굉장히 좋아한다. 겨울에는 부드럽고 은은한 향내가 나는 따뜻한 물이라도 항상 준비해 놓았다가 손님이 왔을 때 먹여서 보내면 좋다. 이렇게 하면 주인의 마음 씀씀이의 깊이가 나오는 것이다. 그리하여 가게에 항상 그러한 향내가 돌도록 해놓으면 사람이 들어와 "아, 이거 무슨 냄새인지 참 좋네요"라고 한다. 그러면 얼른 "아, 그래요? 앉아서 따뜻한 차라도 한 잔 하고 가세요"라고 하며 반갑게 맞이해야 한다.

내 문턱 안에 들어온 사람은 무조건 내 사람이다. 인연은 그냥 오는 것이 아니다. 처음에는 아무것도 아닌 것 같지만 차를 대접하며 조금 이야기를 나누다 보면 그 사람에게 필요한 것이 무엇인지 알게 된다. 그러면 그 필요한 것을 대화로 풀어주어야 한다.

그런데 아는 사람에게 소개를 받아 만났는데 '뭐 별로 나에게 필요 없는 사람이네'라는 생각이 들어 그 인연을 대충 대하고 보내 버리면 몇 개월 가지 않아 어떤 일이 다가와서 그 사람이 반드시 생각나게 되어 있다. 그렇다고 이미 보내 버린 그 사람에게 연락하여 다시 데려올 수도 없고 다른 사람을 구하려고 해도 구할 수가 없게 된다. 곁에 그 사람이 있었다면 그 일을 쉽게 해결할 수 있는데 이미 보내 버렸으니 그 일을 하지 못하는 것이다. 그래서 결국 그 일을 포기할 수밖에 없게 된다. 그 일이 성사되면 엄청난 황금을 줄 수 있는 일이라 할지라도….

대자연에서 사람에게 일거리를 줄 때에는 먼저 인연을 보내

준 후에 일을 준다. 그래서 오는 인연을 막지 말고 항상 받아들여 그 사람을 가까이 해놓으면 일하기가 엄청 수월해진다. 그러나 필요할 때만 골라 쓰고 필요 없다고 툭 차버리면 오는 일마다 안 풀리게 된다. 그러니 힘겨워지고 남을 원망해야 하는 삶이 계속되는 것이다. 이것이 인연법의 핵심이다.

이제는 자신이 속한 모임을 소중하게 여기고 충분히 활용할 줄 아는 사람이 되어야 한다. 그런 사람은 모자람이 없고 자신의 할 일을 세상에 모두 펼칠 수 있고 무엇이든 다 이룰 수 있다.

'네 앞에 온 사람에게 바르게 행하고, 그 사람을 소중히 여기고, 그 사람을 받아들여 가까이 하라'는 것이 바로 이 공부의 핵심이다.

그렇다고 그 사람에게 돈을 주라는 것이 아니다. 친절하게 대하고 그 사람이 다가올 때 웃으며 마음으로 받아들이기만 하면 모든 것이 저절로 이루어진다. 결코 어려운 것이 아니다. 습관이 문제다. 자기 잘났다는 것 때문에 사람을 대충 대하면 엄청난 연장을 주었는데도 모르게 된다. 지금은 그 사람이 조금 남루하게 보여도 뒤에는 엄청난 사람들이 있을 수 있고, 그 안에는 더 큰 황금도 있을 수 있다. 그 사람 뒤에 무엇이 있을지는 아무도 모르는 것이다. 그래서 네가 한 사람과 가까워지면 그 사람 뒤에 연결되어 있는 더 큰 것이 오는 것이다.

누군가를 인연할 때에는 분명히 이유가 있지만 그 이유를 따지기 전에 사람이 왔으니 그 사람을 위해 정성을 다해야 한다. 그렇게 함으로써 뒤에 오는 인연은 계산하지 않아도 스스로 형성되어 그 기운들이 쫙 연결되어 모이는 것이다.

사회에서의 모임이나 가족모임은 우리 민족에게 최고의 자산이다. 어떤 민족도 이런 모임문화는 갖지 않는다. 우리 민족만 유독 학연과 지연, 하다못해 계모임, 관광모임이라도 해서 모이려고 한다.

관광 이야기가 나왔으니 잠깐 관광에 대해 설하면, 이제 관광도 제대로 알고 가야 한다. 외국으로 관광하러 나가지만 기초적인 공부가 되어 있지 않다 보니 쇼핑만 하고, 눈으로 경치만 보고 "와~ 좋다"고만 하고 와버린다. 좋은데 뭐가 어쨌다는 말이냐? 네가 사상이 있으면 외국에 나가봄으로써 자신이 가진 사상과 비교할 것들이 나오게 된다. 그러면 너의 사상이 커진다. 즉, 안목이 커지는 것이다. 그렇게 사상이 커져 큰 아이템이 나오게 되면 그때 비로소 아이디어가 개발되게 된다.

이렇게 되기 위해 지금 외국으로 다니는 것인데, 기초가 없다 보니 무작정 가서 "와~ 좋다"만 하고 오는 것이다. 그리고 스트레스 해소되었다나? 그러면 안 된다.

모임에서 노래 같은 것도 부르러 가면 혼자 가는 것이 아니라 사람들이랑 모여서 함께 가지 않느냐? 노래하러 가는 것도 모임에서 막혔던 것이 다 풀리지 않아 가는 것이다. 밥 먹고 술 마시면서 대화로 풀었다면 노래하러 가고 싶은 생각이 나지 않는다. 그런데 모여서 뭔가를 풀지 못했으니 2차에 가는 것인데, 또 거기에서 노래만 하며 놀고는 "아, 잘 놀았다"고 하며 스트레스 풀었다고 한다. 하지만 그냥 노래만 하고 오면 굉장히 허해진다.

스트레스를 풀었다는 것은 안에 있던 갑갑한 것을 푼 것이다. 안에 있던 갑갑한 것을 노래를 하든 어떤 방법으로든 발산해서 다 풀었으면 그 갑갑했던 크기만큼의 빈 공간이 생긴다. 그런데 허전한 그 공간을 그냥 두면 어떻게 되겠느냐? 병든 나무를 치료할 때도 치료를 위해 구멍을 뚫었으면 그 치료가 끝난 후에는 뚫었던 구멍을 막아준다. 그렇지 않고 뚫린 채로 그냥 두면 나무가 죽는다. 뚫었으면 뭔가를 채워주어야 하는데, 이때 독한 것이 아니라 나무에 득 될 것으로 채워주어야 한다. 그러면 나무가 아주 건강해진다. 이와 마찬가지로 스트레스가 생겼다면 병든 것이다. 병든 것을 조금 덜어낸 후 그 빈 공간을 채우지 못하고 그냥 두니 다시 탁한 기운이 들어와 또 꽉 차게 되는 것이다. 그러면 또 갑갑해진다. 이것을 지금 반복하고 있다.

비어있던 공간에 좋은 강의라든지 마음의 양식이 될 만한 것을 찾아 넣어 주면 이제는 뭔가가 채워졌으니 허전해지지 않는다. 이렇게 해서 다음에 또 누구를 만나 답답한 것을 조금 덜어내고 또 그 안에 좋은 것을 채워 넣고 하면 된다.

이 사람을 만나서 속에 꽉 뭉쳐있던 것을 하소연하는 것이 바로 탁한 것을 끌어낸 것이다. 그런 후에 이 사람이 "그래, 얼마나 무겁더냐?" 하고는 좋은 강의로 빈 공간에 싹 넣어 주니 이제는 뿌듯해지는 것이다. 꽉 차니까 더 이상 허하지 않는 것이다. 이처럼 탁한 것을 덜어내고 좋은 것으로 채워주고, 또 덜어내고 좋은 것으로 채워주고 하다보면 탁한 기운이 점점 없어지니 결국 탁한 기운이 이제 더 이상 오지 않는 것이다.

좋은 대화만큼 약이 되는 것은 없다. 모임문화는 대화문화가 되어야 된다. 남을 헐뜯는 것은 대화가 아니다. 그런데 지금은 모두가 모이기만 하면 "아이고, 누구는 어떻고, 누구는 어떻더라" 하며 자신도 모르게 남을 헐뜯고 있다. 이때부터 남을 헐뜯을 씨를 꺼내어 그것으로 말을 만들어 엄청나게 헐뜯게 된다. 이러면 안 된다. 상대가 말을 하면 그 말을 정성껏 들어 주며 대화가 통할 수 있는 사람이 되어야 한다.

모임문화에서 최고 꽃이 무엇이냐? 서로를 위한 대화이다.

그것만 잘되면 네가 가지고 있던 갑갑했던 문제도 꺼내놓고 그곳에 좋은 기운이 들어와 탁한 기운을 모두 처단해주고, 그렇게 하여 있던 병도 낫게 되는 것이다. 그러니 모임에 가서 진짜 좋아하는 사람이나 가까운 사람이 있으면 그 사람에게는 스트레스를 풀며 자신의 속내를 털어놓아도 된다.

 이때 만약 상대가 속내를 털어놓으면 너는 어떻게 해야 되느냐? 처음에는 네가 들어도 되는 작은 것부터 꺼내놓는다. 그리하여 잘 받아 소화가 되어 좋은 대화를 해주면 다음에 만날 때 조금 더 깊은 것을 꺼내게 된다. 그것도 소화를 잘해주면 그 다음에는 더 깊숙이 있던 것도 꺼내게 된다. 그리하여 꺼내놓은 속내를 잘 정리해주면 생명의 은인이 된다. 그래서 떼어놓을 수 없는 매우 가까운 사이가 되고 서로 가족이 되어 너의 말이라면 무엇이든 할 수 있을 만큼, 심지어 목숨도 내놓을 수 있을 만큼 듣게 된다. 그렇게 너를 변화, 성장시켜 나가는 것이다.

 이처럼 모임은 우리에게 있어 최고의 자산으로, 모임에서 만난 사람들을 소중히 여기고 그들과 가족이 되면 어떤 일도 다 소화해 낼 수 있다.

 모임, 그 속에 답이 들어 있다.

요즘 조찬모임 같은 곳에 가면 자아발전과 지적향상을 위해 외부의 유명 인사나 전문가를 초빙하여 그들의 강의를 듣습니다. 이런 모임은 그래도 나름대로 의미가 있다고 봅니다.

▬

모임의 의미를 모르고 하는 말이다.

모이는 것은 내가 가지고 있는 에너지를 모임에 온 사람들에게 전부 주고 다른 사람이 가지고 있는 에너지를 내가 받기 위해서이다. 우리 모임 안에 우리에게 필요한 것이 다 있는데 어디 엉뚱한 곳에서 사람을 데리고 와 에너지를 받으려고 하느냐? 우리 모임의 가족으로 온 사람도 아닌데 어째서 그 사람 말을 듣고 있느냐는 말이다.

그 사람이 무슨 말을 하더냐? 처음에는 조금 뭐라고 하는 것 같다가도 나중에는 "내가 이번에 어디에 갔는데 이런저런 것을 보고 왔다"며 자기 이야기나 하지 않더냐? 그런 것은 방송에서 여행프로그램을 보면 되지 왜 귀한 시간에 모여 그런 이야기를 듣고 있느냐? 너에게 진정으로 필요한 이야기를 그 자가 해주더냐?

3명이 모였으면 3명의 에너지를 서로 나누기 위해 모여야 한다. 그래서 각자 모자라는 것은 지금 모인 사람들에게서 찾아

먹어야 한다. 이것도 서로 못 찾아먹는 사람들이 모여서 무엇을 한단 말이냐?

모인다는 것은 모자라기 때문이라고 하지 않았느냐? 너희들이 한참 공부할 때 모였느냐? 모이지 않았다. **공부할 때에는 내 지식을 갖추는 중이기 때문에 모일 필요가 없다. 그래서 내 지식을 다 갖추고 나면 이제 다른 쪽의 모자라는 부분 때문에 사람들과 모이는 것이다.** 이때 각자 자기 분야의 지식을 잘 정리해서 전달하면 상대는 브리핑을 받게 되어 그것을 듣고 자신의 질량을 업(up)시킬 수 있다. 그러면 상대의 에너지가 좋아진다. 그렇게 좋아진 데에다 다른 것을 보태니 또 좋아지고 이것을 반복하면 엄청난 에너지로 바뀌게 된다. 이처럼 모임에 온 사람들이 자신의 정보를 서로 주고받아 상생을 하는 것이 모임을 하는 이유이다. 그런데 이것을 모르다 보니 전부 다 필요해서 모여 놓고도 그 안에서 답은 찾지 못하고 껍데기만 쳐다보며 '식사가 어떠니 회비가 어떠니' 하는 소리만 하고 있다.

모일 때에는 회원들이 서로 자신의 장점과 재주와 지식을 잘 정리해서 이번에는 이 사람이 강의하고 다음에는 저 사람이 강의하고 이런 식으로 서로에게 기회도 주어, 가지고 있는 것을 다 끌어내어 서로 도움이 되어야 한다. 강의할 정도의 수준이 다 되어 있는 사람들이 모였는데 왜 다른 강사를 부르느냐? 아주 단순한 이 진리를 모르고 있다.

지식을 갖추는 중에는 말할 수 있는 기회가 없다. 그러나 모이다 보면 그 속에서 말할 수 있는 기회를 얻게 된다. 그렇게 하다 보면 말하는 데에도 자신감이 생긴다. 이렇게 자신감도 키울 수 있고 또 상대로부터 얻을 것도 있어 바르게 활용하면 엄청난 시너지를 올릴 수 있다. 서로가 기회를 주면서 장점을 살려 거기에서 나오는 에너지를 공유하는 문화가 일어나야 한다. 자꾸 어디서 강사를 데려 오려고 하지 말고 회원끼리 20분이라도 스피치(speech) 하는 시간을 가져라.

그런데 요즘 모임들을 보면, 봉사모임을 보더라도 봉사한다고 모여서는 자기 것을 찾아먹지 못하고 남만 도운다고 하고 있다. 그러니 유익한 것이 없어 몇 년 지나면 회원들이 탈퇴하고 또 다른 회장이 들어오면 몇 명 영입하고 이런 식으로 5년 가고 10년 가도 항상 그 수준인 것이다. 모임을 한 지가 벌써 몇십 년인데 아직까지 모임문화의 근본조차 모른대서야…. 수십 명의 고급 인력들이 그만큼 시간을 허비했다면 이제는 무엇인가 이루어야 되는 것이 아니냐?

　우리에게 주어진 시간은 금이다. 아니, 금 보다 더 귀하다. 100년 안팎으로 주어진 시간은 너에게 주어진 최고의 자산이다. 그러니 함부로 쓰지 마라. 만일 어디에 가서 아무 뜻없는 시간을 보냈다면 후회하라. 이 시간을 어떻게 쓰느냐에 따라 다음 생이 결정되고, 이생을 살고 간 후 차원세계에서의 너의 입지가 결정된다. 돈은 언제든지 오게 할 수 있지만 시간은 다시 부를 수 없다. 그러니 인생의 시간을 함부로 낭비하면 안 되고, 만일 모임에 가서 시간을 할애했다면 그 시간보다 더욱 소중한 것을 얻어가야만 바르게 간 것이다.

　앞으로 모임에 갈 때, '내가 이 모임에 꼭 갈 필요성이 있는가?' 하는 것을 잘 확인하고, 만일 헛된 시간이 될 것 같으면 가지 말고 차라리 집에서 푹 쉰다든지 환경 좋은 곳에 가서 산책하며 머리를 맑게 한다든지 하는 데에 시간을 써라. 그것은 노는 것이 아니다. 우리는 뭔가를 열심히 할 때도 있고 쉴 때도 있다. 쉬는 것도 시간을 바르게 쓰는 것이다. 무조건 어디에 가야 된다는 생각을 하지 마라. 무의미하게 에너지를 낭비하고 시간을 낭비하는 자는 분명히 두드려 맞는다.

　이제부터라도 제대로 된 모임을 하고 싶다면 '우리는 어떤 모임을 해봐야겠다'라는 뜻있는 프로그램을 만들어라. 그래서 사람들이 모일 수 있게 홍보를 하고 단 다섯 명이라도 모이면 그렇게 해보아라. 이 취지가 좋고 참신하다면 회원이 자꾸 늘어나서 크게 붐을 탈 수도 있고 미디어에 기사가 난다든지 하여 확 뜨는 수도 있다. 이제는 참신한 것을 개발해야 할 때이다.

이런 모임문화가 일어나야 알찬 문화가 된다. 이렇게 노력하면서 가면 너는 점점 뿌듯해지고 이 에너지가 다른 에너지를 불러들여 네 형편이 좋아지고 모든 환경이 좋아지게 된다.

제10강 인류평화의 핵, 6.25

問

올해가 6.25 전쟁 발발 60주년이 되는 해입니다.
그런데 6.25 전쟁 때 전사했거나 부상을 당한 사람
또는 그 가족 등 직접 관련이 있는 사람들을 제외하고는
이 날에 대해 관심을 갖고 있지 않습니다.
그래서 방송에서 6.25 전쟁 특집을 방영해도 별 관심을 두지 않고,
마치 아득한 과거의 일처럼 사람들의 기억에서 잊혀지고 있습니다.
60주년을 맞이하여 6.25 전쟁의 의미에 대한 올바른 가르침을 주십시오.

答

6.25를 바로 풀어야 인류평화가 온다.

6.25 전쟁이 발발한 지는 60주년이지만 휴전한 지는 아직 60주년이 되지 않았지? 휴전 60주년이 되는 해(2013년)가 정말 중요한 해이다. 이 의미는 나중에 다시 풀기로 하고, 오늘은 6.25 전쟁에 대해 바로 풀어보자.

이 나라에 전쟁이 6.25 전쟁만 있었느냐? 아니다. 역사적으로 수많은 전쟁이 있었지만 6.25 전쟁은 그 전쟁들과는 엄청난 차이가 있다.

안으로는 우리를 바르게 깨우치게 하기 위한 교훈을 담고 있는 전쟁이며, 밖으로는 인류평화의 초석을 쌓기 위한 인류 역사상 중요한 의미를 담고 있는 전쟁이다.

6.25 전쟁은 단순히 동족상잔의 한국전쟁이 아니라 제2차 세계 대전이라는 거대한 불기둥의 여파로 인한 매캐한 화약 기운이 이 뿌리로 전해진 전쟁이다. 즉, 제2차 세계 대전의 연장이자 인류사상을 집대성한 에너지가 뿌리로 전달된 마무리 전쟁인 것이다.

잘 보라. 6.25 전쟁은 민주와 공산이라는 두 이념의 대립전쟁이었다. 그런데 민주와 공산이라는 이념이 이 나라에서 발생된 것이냐? 아니다. 인류에서 발생된 두 이념이 해결되지 못하니 대자연이 이 나라에 그 이념들을 들여 놓고 6.25 전쟁을 일으켜 폐허로 만들고 휴전을 시켜 그것을 해결하라고 우리에게 과제를 준 것이다. 만약 이것이 우리의 과제가 아니라면 그 이념들은 서양에 그대로 남아 있어야 한다. 하지만 이 나라로 들어왔을 때에는 이 나라만이 풀 수 있기에 들어온 것이다. 그런데 이 과제를 지금까지 해결하지 못하여 그 이념들이 그대로 굳어버려 인류사회가 아직도 분쟁 속에 있다.

두 이념을 하나로 화합하여 풀어낼 때 이 나라뿐만 아니라 인류사회에 평화가 올 것이기에 이것을 푸는 것이 우리의 역사적 사명이며 인류평화의 초석을 쌓는 길이다. 그러면 왜 그러한 사명이 우리에게 부여되었는가? 그것을 알려면 먼저 이 민족이 누구인지부터 알아야 한다.

  이 지상의 지판대를 고목나무 한 그루로 보라. 뿌리와 몸통과 가지로 정확하게 3단계로 구분되어 있다. 이 지판대의 동쪽은 뿌리, 중간은 몸통, 서쪽은 가지이다. 이 나라는 동쪽의 해 뜨는 나라로 지판대의 동쪽에 있으니 뿌리에 해당한다. 나무는 뿌리가 할 일이 있고, 몸통이 할 일이 있고, 가지가 할 일이 각기 따로 있다. 그 중 몸통과 가지는 뿌리에서 빨아먹고 사는 것이 본분이며, 뿌리는 몸통과 가지를 위해 사는 것이 본분이다.

  이 민족이 누구이냐? 뿌리민족이고 지도자 민족이자 천손(天孫)이다. 그러니 당연히 뿌리민족으로서의 삶은 가지를 위하고 몸통을 위해야 한다. 그러기에 대자연은 이 민족에게 기운과 재능과 맑은 에너지, 그리고 길이가 3천리요, 둘레가 7천리, 산이 70%요, 들이 30%로 합수 공수(空數, 0)가 되는 삼천리금수강산을 주었다. 대자연은 이 3차원을 빚을 때 3:7의 함수로 빚었다. 이렇듯 대자연과 한치도 흐트러짐 없이 그 원리가 정확히 맞아떨어지는 곳이 바로 이 해동 대한민국이기에 이곳이 인류의 뿌리국인 것이다.

  뿌리가 탄탄해야 나무가 건강하다. 그런데 지금 뿌리가 썩고 있다. 다시 말해, 뿌리가 자기 먹고살기 위해 영양분을 가두고 있다. 그러니 어떠한 일이 생겼느냐? 몸통과 가지가 이 뿌리로 영양분을 빨아먹으러 들어왔다. 그런데 가져갈 것이 없으니 뿌리를 짓밟았던 것이다. 그들 스스로도 무엇을 가져가야 되는지 모르지만 뭔가를 빨아먹으려고 들어온 것이다. 이것이 이 민족 전쟁의 역사이다.

이 민족의 역사를 자세히 보면 항상 침략을 받아왔지만 다른 민족의 전쟁과는 굉장히 다르다. 거의 대부분 침략을 받은 나라는 흡수되어 버렸으나 이 나라는 수천 년 동안 많은 전쟁을 겪었어도 흡수되지 않았다. 왜냐하면 뿌리국에는 다른 민족이 들어와도 자기들과 기운이 맞지 않아 살 수가 없기 때문이다. 이는 도둑이 남의 집에 들어가 물건만 가져가고 그 집에는 살지 않는 것과 같다. 그래서 뭔가 가져가려고 들어왔으나 가져 갈 것이 없으니 여기 저기 뒤지고 휘적거리며 "이것도 좋네!" 하며 챙기고, "저것도 좋네!" "이건 더 좋네!" 하며 숟가락몽뎅이 하나까지 다 챙겨갔던 것이다. 하지만 그들이 정작 가지고 갈 것은 하나도 가져가지 못했다. 그런 전쟁을 치르고 나면 이 민족은 모두 털려 아무것도 없게 된다. 그래서 또 다시 허리띠를 졸라매고 열심히 일을 하여 나라를 풍성하게 해놓는다. 그러면 또 쳐들어온다. 우리만 잘 먹고 잘 살려고 하면 반드시 또 쳐들어오는 것이다. 이런 역사를 반복하면서, 제2차 세계 대전이 발발하여 국제적으로 엄청난 피를 흘렸는데도 그때까지 그 깊이를 모르다 보니 다시 6.25 전쟁이 발발했던 것이다.

6.25 전쟁은 그동안 인류에 있던 모든 논리를 전부 다 끌어 모아 민주와 공산이라는 양대 사상으로 압축되어 분출된 것이다. 이 두 사상이 이 땅에 갑자기 들어와 우리는 민주와 공산으로 각각 소속되어 큰 전쟁을 치루었다. 이때 서로 대충 총부리를 겨누고 싸우다 만 것이 아니라 이웃에게도, 형제에게도 총부리를 겨누며 엄청난 피를 흘렸다.

왜 그러했느냐? 그렇게 폐허를 만들어야만 이 뿌리가 정신이 바짝 들게 되고 또 그때까지 잘났다며 자기 논리가 맞다고 주장하는 지식인들을 없애기 위해 그렇게 한 것이다. 또한 몸통이나 가지에서는 아무리 해도 크게 표가 나지 않으니 크기가 적당한 인류의 모델인 이 땅에 들어와 사상전쟁을 일으킨 것이다. 그렇게 하여 이 나라에 지붕딱가리 하나 없이, 먹을 것도 하나 없이 깡그리 쓸어버리고 대자연은 2차 대전이라는 인류의 대전쟁을 마감하려고 했던 것이다. 그러면 이 사상전쟁이 지금 끝이 났느냐? 아직 끝나지 않았다.

그렇게 이 뿌리에 민주와 공산이라는 두 사상의 그림자를 드리워놓고 우리는 휴전을 했다. 우리뿐만 아니라 인류가 민주 공산 때문에 총칼로 싸우는 것을 휴전한 것이다. 그 이후로 이 나라는 민주와 공산으로 양분되었다.

왜 이렇게 되었겠느냐? 이제부터 뿌리가 이 양대 사상을 아울러 하나의 사상으로 만들어 내도록 하기 위해서이다. 나무에 필요한 영양분 즉, 평화의 백신은 뿌리 밖에 생산할 수가 없다. 그래서 여기에 두 사상의 그늘을 드리워놓고 휴전을 하였다. 그리고 나무의 잔뿌리를 없애듯이 전지 작업을 통해 이 나라의 인구수와 인류의 인구수도 맞추어 놓았다. 3차원의 시작수인 3천. 그래서 이 민족 3천만, 인류 30억을 맞추어 놓았다.

<u>뿌리가 3천만이면 인류가 30억이 되어야 정상이다.</u> 왜? 이 민족 한 사람이 인류의 100명에 해당하는 일당백의 기운을 물고 있기 때문이다. 지금 인구가 대략 몇 명인가? 이 민족이 6천만, 인류가 60억이다. 일당백은 절대 변할 수 없다. 그래서 뿌리민족 한 사람이 울면 인류의 100명이 운다. 지금 우리만 어려운 것이 아니다. 우리가 병들면 인류도 병들고 우리가 썩으면 인류도 썩는다.

이 엄청난 사실을 모르고 갈 길을 잃어버렸으니 이 과제를 들여 놓기 위해 이 땅에서 마지막 전쟁을 일으켰던 것이다.

지금 우리는 자꾸 통일을 해야 한다고 하는데 이 과제를 풀기 전에는 절대 통일을 하면 안 된다. 인류사회에 평화를 이루어 낼 수 있는 사상이 나오기 전에는 절대 통일이 될 수가 없다. 무력으로 어떻게 한다? 절대 안 된다. 민주와 공산, 가진 자와 못 가진 자, 경영자와 노동자의 대립으로 서로의 이념이 분단되어 있는데 어떻게 인류평화가 이루어질 수 있단 말인가?

그러나 인류의 평화는 반드시 이루어 내야 하기에 그것을 이루어 낼 수 있는 씨앗은 만들어져야 한다. 그래서 이 민족에게 과업이 주어져 이때 모든 것을 싹 불태웠다. 물자도 깡그리 다 없애놓고 휴전을 하여 이제부터 다시 시작을 하라고 한 것이다.

그리하여 그토록 고집하던 쇄국정책도 어쩔 도리 없이 버리게 만들었다. 전쟁으로 폐허가 되어 먹을 것이 아무것도 없으니 저 나라에서 감자 준다고 하면 고맙다고 받아야 했고, 또 다른 나라에서 초콜릿 준다고 하면 받아야 되고, 누가 무엇을 주든지 무조건 받을 수밖에 없게끔 이 나라의 모든 것을 깡그리 없애 버렸다. 한마디로 이 민족이 거지가 된 것이다. 그것도 완전 거지로 만들어 놓았다. 그러니 그나마 살아있던 잘났다고 고개 쳐들고 자기 논리를 가지고 맞니 아니니 따지고 주장하고, 노론 소론 해가며 서로 당파싸움을 벌이던 자들이 전부 쏙 들어가 버렸다. 제 아무리 잘났다고 우기는 자도 배고프면 먹을 것을 받아야 되고, 추우면 입을 것을 얻어야 되는 것이다. 그리하여 밀가루 한 포대 받을 때 사상 한 개 묻어 들어오고, 초콜릿 하나 받을 때 다른 사상 한 개 묻어 들어오고, 감자 한 포대 받을 때 또 다른 사상 하나가 묻어 들어왔던 것이다. 인류에 있는 오만 가지 사상을 '원조'라는 이름으로 다 받아들일 수밖에 없도록 만들었다. 결국 이 나라가 저절로 쇄국정책을 버리고 인류의 모든 문물을 자연적으로 받을 수밖에 없도록 만들었던 것이다. 이렇게 엄청난 대자연의 작업이 그 안에 들어 있었다.

그 사상이 얼마 만에 다 들어왔느냐? 전후 36년 만에 모든 사상이 들어왔다. 이때 들어온 것이 사상이라고 하나 엄밀히 말하면 모두 논리이다. 진정한 사상이 나오지 않았기에 논리를 사상으로 알았던 것이다.

이 마지막 사상 전쟁을 하기 전에 대자연이 먼저 작업을 한 것이 있다. 일본에게 36년 동안 모가지 잡혀 살게 했다. 그 기간 동안 일본은 우리의 지도자 의복을 다 벗기고, 상투도 자르고 성(姓)도 바꿔 버리려고 했다. 우리는 그런 엄청난 일을 당했었다. 하지만 이러한 일이 36년 만에 정확하게 이루어지도록 한 데에도 전쟁이 일어나기 전 식민지가 되어 핍박을 받게 하고 일본이 그 역할을 담당하게 된 데에도 중요한 의미가 있다. 이에 대한 설명은 일본에 대해 말할 때 자세히 하기로 하고….

휴전 이후 88올림픽 때까지 전후 36년 동안 원조라는 이름으로 이 나라에 인류의 오만 가지 사상이 다 들어왔다. 이때가 되어서야 원조도 사상도 다 들어와 마감이 되었다. 이 말은 곧 인류가 우리를 돕는 것이 끝났다는 것이다.

그때 이 나라 안에 인류를 모두 불러들이기 위한 행사로 88올림픽이 열렸다. 그래서 인류에서 최고 잘 뛰는 사람, 최고 멀리 던지는 사람, 1등이라 하는 사람은 전부 다 여기로 들어왔다. 그 전까지는 올림픽을 해도 사상 대립으로 반쪽 올림픽이 되거나 여러 가지 이유로 모든 나라가 모이는 것이 제대로 되지 않았다. 그러나 88올림픽 때에는 모일 수 있는 나라가 다 모여 세상에서 우수하다는 자들이 각 나라의 대표가 되어 국제사절로 들어온 것이다. 왜 다 모였느냐? '인류뿌리살리기 프로젝트'가 성공했다는 것을 자축하기 위해서 모인 것이다. 우리가 필요한 물자도, 사상도, 정보도 다 들여보내 주었으니 이제는 이것을 다 뒤져보고 알아서 하라는 것이다. 그래서 1등하는 자들이 전부 다 경기 하나 끝나면 만세를 부르고 끝났음을 알리며 폭죽을 터트리고 난리가 났었던 것이다. 이 나라에서 그런 난리는 처음 일어났다. 그때까지 인류는 원조라는 명목으로, 양보라는 명목으로 우리가 앞으로 일하는데 필요한 온갖 힘과 지식을 다 주었다.

그런데 우리는 이것을 어떻게 썼느냐? 이제는 살판났다고 생각하여 함부로 썼다. 여행 다니고, 골프 치러 다니고, 스키 타러 다니고, 코브라 눈깔 빼먹으러 다니고, 곰 발바닥 사먹으러 다니는 등 근본도 모른 채 신나게 잘 쓰고 놀았다. 그러다 보니 어떻게 되었느냐? IMF가 덜컥 터져버렸다. IMF는 우리에게 '그렇게 해서는 안 된다'는 경고였다. 그런데 우리는 모두 이것이 왜 일어났는지 그 근본을 풀지 못하고 엉뚱한 것을 답이라고 찾았던 것이다.

그럼 이제는 뭐가 터질 것 같으냐? 테러같은 것은 조금씩 발생을 해도 큰 피를 흘리는 대규모 전쟁은 더 이상 일어나지 않는다. 이는 이미 우리가 쓰고 있는 단어인 '전후1세대'에서도 그 해답이 나와 있다. 이 나라에 얼마나 많은 전쟁이 있었느냐? 하지만 '전후'라는 단어는 6.25 전쟁이 끝난 후에 생겨난 단어이다. '전후'라는 말을 쓴다는 것은 이제 더 이상의 전쟁이 일어나지 않는다는 뜻이다. 너무 오랫동안 우리가 할 일을 못하고 있으니 정신 차리라고 한 대씩 때리기는 하겠지만 더 이상 피비린내 나는 전쟁은 절대 일어나지 않는다.

그러나 이런 전쟁은 일어나지 않는다 할지라도 계속 정신을 못 차리면 또 다른 전쟁이 일어난다. 그것이 무엇이냐? 경제전쟁, 문화전쟁이 일어나고 남이 나를 죽이니 도망가는 것이 아니라 내가 나를 죽이는 전쟁이 벌어진다. 이것이 바로 제3차 대전이다. 이러한 전쟁이 앞으로 엄청나게 벌어진다. 제3차 대전은 결국 어디에서 터지느냐? 예전처럼 가지에서 일어나는 것이 아니라 나무뿌리와 몸통에서 터진다. 그것도 이 민족에게서 제일 먼저 벌어진다. 지금 눈으로 확인하고 있지 않느냐? 자살사이트까지 생겨나 자살을 잘하는 방법도 가르쳐 주지 않더냐? 내가 나를 죽이는 것은 방패로 막을 수 있는 것도 아니고 포탄을 피해 어디로 도망갈 수 있는 것도 아니다. 이런 무서운 시기가 도래했다.

다시 돌아와, 비록 일부 국민은 놀러 다니기는 했지만 우리 국민 대부분은 열심히 노력했다. 그리하여 기본적인 지식도 갖추었고, 기술도 연마해 완성시켰으며 약간의 경제도 이루어 놓았다. 1988년까지 인류와 함께 노력하여 우리는 우뚝 섰던 것이다. 그래서 모두가 다 열심히 한 줄 알았다. 그런데 아니었다. 온 국민이 열심히 노력하는 동안 정신을 닦는다고 수행하는 자들과 무슨 사상가들이니 하는 정신적인 지도자들은 자신의 할 일은 하지 않고 엉뚱한 짓을 하고 앉아 있었다. 국민이 열심히 노력하며 돌멩이를 하나씩 놓으며 기초를 쌓을 때 그 자들은 조용한 곳에서 책이나 들여다보고, 가만히 앉아서 하늘 쳐다보고 눈감고 앉아 있었다. 또 경(經)을 쳐다보고 그것을 읽고 외운다며 일을 하지 않았다. 힘든 일은 그들을 제외한 나머지 국민이 다 했다. 그런데도 그들은 전부 다 편안하게 먹고살며 부처에, 하나님에, 자기 조직에, 세상의 오만 가지 사상에 빠져 놀고 있었던 것이다. 그리하여 이 논리가 맞니, 저 논리가 맞니 하며 자기편을 만들어 자기 논리가 맞다며 서로가 들고 나와 국민을 혼란스럽게 만들어버렸다.

다시 말해, 국민이 열심히 일을 하여 이제 잘 살게 되니 국민을 교회나 절과 같은 자기 단체로 오라고 하며 자기 논리로 이끌어 함께 놀자고 들었던 것이다. 하지만 그것 역시 사상이 아니고 논리였다. 그것이 사상이었다면 인류에 이러한 전쟁은 애초에 일어나지 않았다. 자신들의 논리를 사상이라고 하며 맞다고 주장하니 논리가 논리를 낳고, 그 논리가 또 다른 논리를 낳게 되어 지금껏 인류가 통합되지 않고 분쟁 속에 있는 것이다. 그래서 이것을 정리하고자 수많은 논리들을 이 뿌리에 들여놓기 위해 그 엄청난 일들이 벌어진 것이다.

그렇다면 과연 그들은 무엇을 했어야 했는가? 국민이 열심히 일을 할 때 그들도 자기 일을 열심히 했어야 했다. 즉, '대자연이 무엇인가?' '이 민족이 왜 이렇게 수천 년 동안 고생을 하며 어렵게 살고 있는가?' '인류에 왜 이러한 사상 대립이 생겨 엄청난 전쟁을 일으키며 피바다가 되었는가?'와 같은 것에 대한 원리를 깨우쳐야 했었다. 그래서 그동안 우리가 열심히 하여 1차적으로 이루어 놓은 것을 가지고 이제 우리가 어디로 가야하며 그것을 어떻게 써야 하는지와 같은 2차적인 좌표를 놓아주는 데에 혼신을 다해야 했다. 그런데 그런 것은 하나도 깨치지 못하고 국민의 피땀으로 생산된 밥만 축내며 무위도식하고 있었다.

어찌 이러고도 입에 밥이 처넘어간단 말인가? 이 나라뿐만 아니라 인류의 젊은이들과 학자들이 피 비린내 나는 전쟁으로 다 죽어갔는데도 '왜 이런 전쟁이 일어났는지'에 대한 연구 분석을 하고 대자연의 근본을 깨우치는데 앞장서지는 않고, 앉아서 진공묘유를 해본다냐? 에라이, 미친놈들! 진공에 기어들어가서 뭐 하려고? 하나님 은혜를 받을 거라냐? 그 은혜 받아서 어디에다 쓰게? 국민과 인류의 피가 이 한반도에 시뻘건 물을 들였거늘 이 땅의 지도자들은 무엇을 하고 있단 말이냐? 이 민족의 사상가, 종교 지도자, 정신적인 지도자들은 인류의 지도자들이다. 그런 그들이 제 할 일을 못할 때에는 국민과 인류가 나아갈 좌표를 잃게 됨을 어찌 모르느냐?

우리가 기초 작업을 할 때에는 아무 재료나 한데 섞어 아무렇게나 비벼도 되지만, 기초 작업이 끝나고 설계를 해나가야 될 때에는 근본적인 좌표가 필요하다. 이것이 없으면 우리는 인생을 우왕좌왕하고 살다 그냥 추풍낙엽처럼 떨어져 인생무상으로 죽게 된다. 그래서 그들은 사람이 바르게 살아가야 되는 길 즉, 좌표를 놓아줄 수 있는 기본을 생산해야 했다. 그런데 지금까지도 이것을 찾지 못하고 헤매고 있다.

이런 식으로 가면 앞으로 몇 년 안에 어떤 일이 일어나느냐? 우리는 먹고살려고 아우성을 치고 난리가 나게 된다. 얼마 남지 않았다. 이제 나무 몸통이 기지개를 켰다. 지리적으로 압록강, 두만강 바로 뒤에서부터 히말라야 산맥, 천산산맥 안쪽의 중국대륙이 나무 몸통이다. 중국이 기지개를 켜고 일어나고 있다. 아직도 이것을 보지 못한다면 큰일이 벌어진다.

봄에 나무가 물을 올릴 때에는 뿌리가 물만 올려주면 된다. 그래서 그들이 기지개를 켤 때까지는 물만 올려주면 되었다. 그러나 이제 조금 있으면 그들이 지적(知的)인 것을 원할 때가 온다. 즉, 그들은 이제 뭔가를 해야 되기에 영양분을 원하게 되어 있다.

이때 뿌리에서 지적인 백신을 만들지 못해 영양분을 공급해주지 못하면 이제는 전처럼 이 나라에 들어와 살짝 긁고 가는 것이 아니라 완전히 짓밟아 버린다.

2008년 중국이 올림픽을 치를 때까지는 크게 표가 나지 않았다. 하지만 올림픽을 치르고 난 후, 중국은 빠르게 변하고 있다. 앞으로 몇 년 지나면 어마어마하게 표가 나기 시작할 것이다. 중국이 발전하면 우리에게 좋은 것은 분명하지만 우리가 할 일을 못하면 이제 죽었다는 사실도 알아야 한다. 그들에게는 한국을 밟아 버리는 것쯤은 일도 아니다.

앞으로 인류의 무대는 중국이 된다. 나뭇가지는 몸통에서 영양분을 빨아먹지 몸통에 영양분을 주지 않는다. 즉, 나뭇가지는 햇빛을 받아 광합성작용만 해서 몸통으로 전달해 줄 뿐이고, 뿌리에서 올라온 몸통 안에 있는 영양분을 다 빨아 먹는다. 인류의 무대는 몸통이지 뿌리가 아니다. 그래서 모든 경제활동은 몸통에서 이루어지게 된다. 그래야 정상적으로 이루어지는 것이다.

이때 이 민족이 무엇을 해야 하느냐? 나무 몸통이 아무리 하려고 해도 못하는 것이 있다. 그것이 바로 백신 즉, 정법(正法)생산이다. 세상의 질서를 잡고 바르게 살아가는 이 원리 생산은 나무 몸통이 할 수가 없다. 왜? 이 백신은 오직 뿌리에서만 생산할 수 있기 때문이다. 그래서 정신적인 지도자들은 대자연의 근본 원리를 알고 이 법칙을 찾아내어 이 민족이 88올림픽을 열고 기초 작업이 끝났을 때 이미 그 좌표를 내어놓았어야 했다. 그런데 그 좌표가 하나도 나오지 않아 국민은 땅 투기 한다고 난리가 났고, 재산만 더 끌어 모으려고 난리가 났고, 여행 다니며 잘난 척 하느라 난리가 났던 것이다. 그러다 보니 지금 모두가 어려워진 것이다.

뿌리가 뿌리 짓을 못하면 당연히 어려워진다. 마찬가지로 지도자가 지도자 짓을 못하면 당연히 어려워진다. 처음에는 어렵지 않으나 가면 갈수록 정확하게 어려움은 다가온다. 즉, 인류의 지도자인 우리가 지도자 구실을 못하고 제 것만 챙겨 먹고살려고 한다면 시간이 가면 갈수록 목이 졸리게 된다.

이대로 가서는 안 된다. 이제 우리 인생을 바르게 살지 않으면 정확하게 어려워지는 시대, 정법시대가 왔다. 자기 식대로 사기 욕심대로 살아도 눈감아 주고 통하던 기초 작업할 때는 지났다. 앞으로 지도자는 자신의 안위를 챙기는 것이 아닌 남을 위해 사는 공인(公人)이 되어야 한다. 작게는 주위의 공인으로, 크게는 인류의 공인으로 살아야 한다. 이러한 삶이 공적(公的)인 삶으로, 이 삶의 바탕이 되는 사상이 인류 최고의 사상 즉, 공도사상이다. 따라서 우리는 이 공도사상을 확립하여 상대에게 덕행을 실천하며 살아가야 한다.

6.25 전쟁은 아직 끝나지 않았기에 인류사회의 전쟁도 아직 끝나지 않았다. 뿌리가 아직 전쟁 중인데 어찌 몸통과 가지가 전쟁을 끝낼 수가 있겠느냐? 인류는 막연하게 무엇인지는 모르지만 인류를 하나로 아우를 수 있는 정법을 기다리고 있다.

통일 역시 마찬가지이다. 38선 이북은 공산사상을 가지고 있지만 이것은 트릭(trick)이다. 따라서 우리가 그 사상을 아우를 수 있는 힘을 만들어 낼 때까지 38선 철장을 걷어내려고 하지 말아야 한다. 왜냐하면 옆에서 누가 싸우면 말리려고 하지 싸움을 걸지 않듯이, 지금 형제끼리 서로 으르렁대고 있기 때문에 인류가 우리를 치지 않는 것이다. 하지만 시간이 오래가면 이 트릭은 벗겨지게 되어 있다. 그러면 우리는 또 몰매를 맞는다. 우리 경제가 이만큼 성장할 수 있게 된 것도 북한이 방패막이를 하고 있기 때문이다. 현재 북한의 집권체제를 두둔하는 것은 아니지만, 북한은 남한을 지키는 신장(神將)이 되어 우리를 보호하고 있다는 것을 알아야 한다.

이제 북한과 하나가 되기 위해서는 내 형제들과 같이 살아갈 수 있는 길을 우리가 만들어야 한다. 하지만 그러한 길은 만들어 놓지 않고 우리 마음대로 북한을 돕는다고 하면 인류가 우리를 용서치 않을 것이다. 그래서 한쪽에서는 북한과 교류를 조금씩 하는 것처럼 하면서 또 다른 한쪽에서는 인류사회를 위한 일을 하여 국제적인 신용부터 얻어야 한다. 신용도에 따라 우리가 북한을 도울 수 있는 길이 정확하게 열리게 되고 평화통일도 이루게 된다. 국제적인 신용을 얻어 통일을 이루는 것에 대한 구체적인 내용은 추후 설명하기로 하고….

이 민족은 저력이 있다. 여러분 한사람, 한 사람이 아무것도 한일이 없다고 생각하지 마라. 왜 지금 중국이 저만큼 기운이 뚫려 있는지 아느냐? 88올림픽이 끝나고 우리가 중국으로 엄청나게 다녔다. 말로는 관광한다고 들랑날랑 했지만 사실은 기운을 뚫으러 다녔던 것이다. 이 민족이 갔다오면 그곳은 기운이 뚫린다. 그런데도 지금까지 우리는 우리 자신이 무엇을 했는지도 모르고 있다. 이 민족이 여행을 가기 시작해 그곳에 관광바람이 불면 거기는 무조건 성장하게 되어 있다. 그쪽에다 여행비 몇 푼 주었다고 성장하는 것이 아니다. 이 민족의 기운을 날라 그곳의 정체되고 낙후되고 막혔던 기운을 뚫어주어 변화와 소통의 바람을 불게 해주는 것이다. 이처럼 우리는 엄청난 역할을 했다.

이 민족은 세계 곳곳에 다 뻗어있다. 이것은 백신이 펼쳐질 무대가 하나씩 깔려 있는 것이다. 이 민족이 있는 곳은 중계소의 안테나로써, 우리가 인류를 살릴 수 있고 인류평화를 이루어 낼 수 있는 사상을 꽃피울 때 그 사람들도 전부 자기 역할을 하여 주위를 전부 등불로 밝힐 것이다. 인류평화의 횃불을 들 자들이 거기에 다 있다. 하지만 우리가 백신을 생산하지 못하면 그들은 기다리다 지쳐서 모두 물거품이 되어 사라져 갈 것이다. 우리가 그 백신을 생산하여 공급할 때 그들도 비로소 동천을 밝히고 그때서야 인류평화를 이룰 수 있게 된다.

다시 말하지만, 지금 휴전 중인 나라는 이 나라밖에 없다.
지금의 50세를 전후한 우리 세대는 6.25 전쟁을 직접 겪은 세대가 아니기에 윗세대의 경험과 자료를 통해 얻은 지식을 가지고 어디가 옳으니 그르니 하며 편중된 시각으로 바라보아서는 안 된다. 어떠한 역사든 국민이 깨지 못하고 무식한 시대에서 바라보던 시각과 모든 지식을 흡수한 현 시대의 우리들이 바라보는 시각은 달라야 한다.
6.25 전쟁 역시 이 시대에 맞는 냉철한 분별로 해답을 찾아내야 한다. 그리하여 남북통일을 이루고 인류평화를 이룩해야 하는 우리의 역사적 사명을 다하여야 한다. 그렇게 될 때 우리는 인

류의 지도자로 우뚝 서고 지금 우리의 어려움도 해결할 수 있다.

6.25를 다시, 바로 보라.

민족이여, 어서 잠에서 깨어나라!

민족이여 깨어나라

Part 5

아무리 좋은 명당일지라도 개가 앉으면 개 자리요,
아무리 나쁜 흉당일지라도 대인이 앉으면 명당이다.
이 자리를 누가 어떻게 활용하느냐에 따라 빛이 나고,
안 나는 것이니 자리를 따지지 마라.

제11강   아빠랑 살래, 엄마랑 살래?

問

요즘 주위에서 이혼을 하는 부부들이 많이 나오고 있습니다.
이혼을 하면 가장 큰 문제가 자녀의 양육문제인데
이혼 후 아빠나 엄마 중 어느 쪽이 아이를 키워야
그 아이에게 가장 좋은 환경이 될 수 있는지 가르쳐 주십시오.

答

아이는 아빠 옆에 있어야 한다.

이것은 다 궁금하지? 지금 이 문제는 본인이 직접 겪은 사람이 있는가 하면 앞으로 우리 자식들이 겪을 수도 있는 일이다. 이것은 바로 잡고 가야 된다.

대자연에는 절대 거스를 수 없는 법칙이 있다. 부부가 서로 뜻이 맞지 않으면 이혼할 수 있다. 하지만 자식은 뜻이 맞지 않는다고 하여 헤어질 수 있는 관계가 아니다.

사람은 모두 자신에게 해당되는 줄이 있고 그 줄은 뿌리와 연결되어 있다. 예를 들어, 고목나무가 하나 있는데 이 나무가 씨를 낳았다. 이 씨는 클 때 어떻게 크느냐? 고목나무의 뿌리를 물고 큰다. 그런데 자라는 중에 이것을 뽑아 다른 곳으로 가져가면 힘을 쓰겠느냐? 힘을 쓰지 못한다. 왜냐? 원뿌리에서 크던 것을 뽑아 다른 곳에 이식해 키우게 되니 이것이 자라기는 하지만 버거운 것이다.

지금 사회에서 자식은 엄마가 키우는 것이 옳다고 생각하는 사람들이 많은 모양인데, 그것은 착각이다. 그러면 아이는 어디에 있어야 되느냐? 원뿌리에 심을 박고 있어야 된다. 그런데 뿌리에서 뽑아내어 엄마가 데려가 키우면 뿌리 기운을 받지 못해 외톨이로 따로 떨어지게 되어 이 자식은 기가 죽는다. 만약 엄마가 키우려면 아빠 가까이에 있어야 된다. 다시 말해, 아이가 아빠와 자주 왕래할 수 있도록 해야 한다는 것이다. 만약 엄마가 아이 아빠 가까이 있지 않으려면 애도 놔두고 가라. 왜? 혈통이 아빠의 혈통이기 때문이다.

자식은 아빠의 자식이지 엄마의 자식이 아니다. 엄마의 몸을 빌려서 낳았을 뿐이지 씨는 아빠의 씨이다. 아빠의 씨는 아빠가 아무리 못나도 거기에 심을 꽂고 있어야 힘을 쓴다.

엄마 없이 아빠 옆에서 자란 아이는 주위사람들에게 '어미 없이 자란 자식'이라는 소리를 듣지 않지만 아빠 없이 엄마가 키운 아이는 '아비 없이 자란 자식'이라는 소리를 정확하게 듣게 된다.

이 말은 그냥 하는 소리가 아니다. 이것은 무서운 소리이다. 한마디로 아이가 힘이 없고 엉뚱하게 자랐다는 뜻이다. 기운을 뽑아와서 키우기 때문에 근(根)이 없다. 그래서 엄마도 힘들게 키우고 결국 키워놓고도 자식한테, 사회로부터 그런 험한 소리를 듣게 된다. 간혹 아이들이 '우리 엄마밖에 없다'고 하는 말은 철없을 때 하는 말이고, 사회에 나와 살면서 어려움에 부딪칠 때마다 엄마한테 어려움이 그대로 전달된다. 그래서 엄마는 평생을 눈물로 살아야 된다. 이런 일이 지금 사회에 계속 일어나고 있는데도 아직까지 이 원리를 찾지 못하고 있다.

그리고 여자가 자식을 데리고 다른 곳으로 다시 시집을 가는 경우에도 그 아이는 기를 펴지 못한다. 다른 뿌리에 가서는 정착을 못하기 때문에 엄마는 늘 주위의 눈치를 봐야 되고 아이는 항상 기운이 없다.

다시 말하지만, 아이는 반드시 뿌리에 있어야 한다. 엄마가 떠나면 아빠가 처음에는 보살피는 것이 조금 힘들겠지만 그래도 아이는 어떻게든 바람을 이겨낸다. 그러다 보면 결국 어떤 일이 생기느냐? 바람을 막아주는 즉, 아이를 키워줄 여자도 오게 된다. 자식을 데리고 사는 남자에게 오는 여자는 그 자식도 끌어안는다. 이렇게 원뿌리에 있으면 키워줄 사람도 생기는데 이 뿌리를 잘라 버리고 데리고 나가 다른 남자를 만나면 이 남자는 여자의 자식을 안아주지 않는다. 처음에는 여자가 좋아서 여자의 자식도 안아주는 것 같지만 시간 지나면 정확하게 여자가 데리고 온 자식을 툭툭 쳐낸다. 그래서 시간이 갈수록 어려워지고 자식이 사회에 나가도 힘을 쓰지 못하게 된다. 자식은 아무리 힘들어도 아빠 밑에 있어야 힘이 생기고, 처음에는 조금 어려워도 곧 원상복구가 되어 나중에는 엄마 손을 빌리지 않고도 살아갈 수 있다.

우리가 그동안 상식이라고 알고 옳다고 믿고 가던 것이 실패했다면 이제는 바르게 잡아야 되지 않겠느냐? 지금은 지식 사회이다. 냉철하게 바로 잡아 이제는 이런 모순이 나오지 않도록 해야 한다.

다시 한 번 강조하는데, 대자연의 법칙이니 이건 분명히 알아두어라. 부부가 헤어질 때, 여자가 떠나려면 자식을 데리고 가지 마라. 데리고 가면 천벌을 받게 된다. 즉, 하늘의 법칙을 어기는 것으로 그 대가는 정확하게 여자가 받아야 되며, 그것은 본인만 받는 것이 아니라 자식도 받는다. 지금 이런 일들이 세상에 많이 나옴으로써 굉장히 어려운 사회를 만들고 있다. 꼭 헤어질 수밖에 없다면 아빠가 아무리 힘이 없고 병들었어도 자식은 아빠에게 두어라. 그리고 진짜 자식이 걱정되면 한 번씩 다니면서 자식을 돌보아 주어라. 헤어졌다고 해도 자식을 두고 왔으면 자식은 언제든지 볼 수 있다. 호적은 정리하더라도 자식은 정리할 수 없는 것이다. 서로가 뜻이 맞지 않아서 헤어졌더라도 자식은 같이 노력하며 키워야 한다. 이제 이러한 대자연의 법칙을 그르치면 정확하게 그 벌을 받는 것을 명심하라.

지금까지 근본만 이야기했으니 여기서 더 질문할 것이 있으면 하라.

장화홍련전이라는 옛날이야기에도 있듯이, 실제로 전처의 자식이 계모의 손에 크다가 구박을 받아서 죽는 경우까지 있는데, 차라리 힘들더라도 친모의 손에 크는 게 더 낫지 않을까요?

아니다. 여기에도 법칙이 있다. 남자가 결혼에 실패를 해서 자식을 데리고 사는데 그 자리에 다른 여자가 들어간다면 절대 아이를 낳지 말아야 한다. 이것은 하늘의 법칙이다. 하늘의 법칙을 어기면 아픔을 당한다. 남자에게 자식이 있는데 거기에 들어 갈 생각을 한다면, 그 처지가 불쌍해 보이고 안돼 보이기에 도우러 들어가는 마음으로 가야 한다. 즉, 너도 모르게 '남자가 애를 혼자 키우고 있으니까 내가 가서 키워주면 좋겠다'는 생각도 포함되어 들어가게 된다. 이처럼 들어가서 남자의 자식을 키워주고 그 뒷바라지를 해 주려고 가는 것이 되어야 한다. 그런데 처음에는 그러한 마음으로 가 놓고, 나중에 자기 자식을 또 낳는다? 여기서부터 욕심이라는 게 생겨 처음 들어갈 때의 초발심이 달라진다. 이때부터 하늘의 법칙에 어긋나게 된다. 처음에 갈 때는 참 좋은 마음으로 간 것이다. 그러나 자기 자식을 낳으면 본연의 임무가 전부 다 흐트러져 그때부터 자신도 모르게 일부러 그렇게 하려고 하는 것이 아닌데 자기 자식, 남의 자식이라는 구별이 생기고 그 욕심으로 갈등이 생기게 되고 시기, 질투가 일어나 전처 자식과 자연스럽게 사이가 벌어진다. 신경을 써서 자기 자식보다 전처 자식을 더 잘해주려고 해도 뭔가가 어색해진다. 그래서 서로가 굉장한 어려움을 겪기 시작한다.

　　답은 하나다. 도우려고 들어왔다면 반드시 돕는 것으로 끝나야 하며 그렇게 될 때 업이 소멸되는 길로 가는 것이다. 그런데 여기서 자기 자식을 낳아 나란히 키우려고 들면 다치게 된다. 후처로 갔다면 자신의 역할을 하러 간 것이니 그것을 열심히 하다 보면 나중에 존경을 받게 된다. 그런데 어긋난 짓을 했다면 거기에서부터 엄청난 시련을 겪게 될 일을 만들고 있는 것이니 그러한 과오는 저지르지 마라.

그러면 만약에 계모가 법칙을 어기고 자식을 두었을 때는 그 자식은 어떻게 되는 것입니까?

후처로 들어가서 둔 자식은 사자(使者)로 온다.

자식이 언제 점지가 되느냐면 애를 배고 나서 100일 만에 점지된다. 즉, 석 달 열흘 후에 누가 올지 점지가 되는 것이다. 이때 후처의 인연법으로 업을 갚기 위해서 오는 자이냐, 대자연에서 보낸 사자이냐가 결정된다. 대자연의 법칙을 어긴 자에게는 사자를 보내는데, 이때 오는 자식은 부모 자식간의 빚고리관계로 오는 것이 아니기에 부모의 죄와 업 소멸과는 관계가 없다. 그래서 사자로 오는 자식은 사자로 살아나가야 될 자기 사주를 가지고 오기에 앞으로 집안을 망치고 엄청나게 어려운 시련을 겪게 하고 자기 자신도 바르게 크지 못한다.

또한, 이렇게 사는 자들은 끝까지 가지 못하고 결국 헤어진다. 그런데 헤어지지 않는 경우가 몇 가지 있다. 전처 자식이 21세가 넘었다든지, 다 성장해서 어디로 내보냈다든지 하여 같이 살지 않을 경우에 후처가 들어와서 자식을 낳았다면 이 경우는 관계없다. 왜냐하면 한 가지 일을 끝내고 나서 즉, 21세까지 자식을 키우는 부모의 의무를 다 하고 새로 시작하는 것이기 때문에 그 때는 후처가 자식을 낳아도 헤어지지 않고 잘 산다. 자식이 성인이 되면 혹, 한 집에 산다해도 부모와 독립이 된 것이다.

그러면 기업인들은 자식을 여기서도 낳고 저기서도 낳고 하는데 다 잘 건수하고 그 자식들도 사자 짓 안 하고 괜찮던데 그 이유가 무엇입니까?

1급일 경우는 괜찮다. 왜 괜찮으냐? 1급이 되면 될수록 사주도 부부를 위해서 살게 되어 있지 않기 때문이다. 즉, 급수가 올라가면 올라갈수록 네 가족만을 위해서 살게 되어 있지 않다. 그래서 이 사람들이 여자를 맞이할 땐 여자가 자기 할 일을 해줘야 된다. 이것을 바로 내조라고 하는데, 이 내조를 못 해주면 남자가 떠나도 된다. 여자가 분명히 자기 할 일을 못하고 있기 때문에 다른 여자를 만나도 된다는 말이다. 내조를 못 받으면 남자는 제대로 활동을 하지 못해 사회에서 큰일을 해내지 못한다. 그래서 다른 사람을 만나 거기에서 내조를 바라고, 거기에서도 내조를 못하면 또 다른 사람을 찾아도 된다. 이것은 여자가 자기 역할을 못한 것이기 때문에 남자가 다른 곳으로 이동해도 되고 자식을 아무리 많이 낳아도 관계가 없다. 이 법칙은 또 다른 대자연의 법칙이며 여기에도 상급 법칙, 중급 법칙, 하급 법칙이 있다. 살아나가는 방법에 따라 법칙이라는 것이 전부 다 다르다. 그리고 잘 보면 기업인들이 살림을 여러 군데 차리지 한 집에 차리는 것이 아니다. 여자가 자기 역할을 못하니까 쫓아내지는 못하고 그냥 놔두고 다른 곳에 차리는 것이다. 기업인 옆에 살려면 여자는 분명 자기 몫을 해주어야 된다. 자격을 갖추지 않고 그런 사람들 옆에서 살려고 하는 것은 욕심이기 때문에 평생을 눈물 흘리며 가슴 아프게 살게 된다.

그러면 요즘은 이혼녀가 아이를 데리고 미혼남인 총각하고 재혼을 많이 합니다. 그런 경우는 어떻습니까?

아이를 데리고 나와서 총각하고 또 산다? 그러면 남자가 절대 자기 자식을 갖지 말아야 한다. 이것도 대자연의 법칙이다. 총각이 그 여자로부터 자기 자식을 낳는 일은 하지 말아야 한다. 만약 자식을 낳게 되면 결국은 헤어지고 눈물 나는 인생을 또 살아야 된다. 총각이 자식 있는 여자를 좋아할 때에는 여자가 후처로 들어가는 경우와 같이 애처로우니까 도우려고 들어가는 것이다. 그러면 도와야지, 여기에서 초발심을 버리고 같이 동격인 부부로 살려고 한다면 혼난다. 처음 마음먹은 대로 하면 절대 잘못되지 않는다. 그래서 끝까지 도와주며 같이 살면 나중에 부인한테도 자식한테도 감사의 인사를 받고 존경도 받는다. 그런데 여기서 자식을 봤다면 문제가 달라진다. 자식을 보게 되면 그 자식은 사자로 와서 부모를 친다. 그리고 나중에 자식들끼리도 싸우게 되고, 엄청난 일들이 중간에 일어나게 되며 그것을 감당하지 못해 결국 이런 자들 중 97%는 헤어진다. 대자연의 법칙을 어긴 것은 정확하게 벌을 받는다. 그러니 이런 일들은 없을수록 좋다.

그러면 이혼녀가 아이를 아빠한테 두고 나와 총각과 다시 결혼을 했습니다. 그런데 남자 집안에서는 총각이니까 당연히 자식을 원합니다. 그래서 애기를 낳으려고 하는데, 그럴 때는 자식을 낳아야 되는 것입니까?

아이를 놔두고 혼자 나왔다? 그러면 낳아도 된다.

요즘은 양쪽 부모가 다 아이를 맡지 않으려고 하는 경우도 있습니다. 그러면 대신 누구라도 맡아야 되는데, 이럴 경우 친가 쪽으로 가야 되는지 외가 쪽으로 가야 되는지. 그리고 그것도 안 된다면 고아원으로 갈 수 밖에 없는데 그런 경우는 어떻게 해야 됩니까?

양쪽 부모가 다 아이를 키우지 않으려고 하면 외가가 아닌 친가로 가야 한다. 이것은 주권이 먼저 본(本)에 있기 때문이다. 친가에서 아이를 키우게 되면 부모 없이 커도 아이가 힘을 받는다. 본에서 뿌리를 내리고 크고 있기 때문에 기가 죽지 않는다. 그런데 만약 서로 분쟁을 해서 친가에서 키우지 않는 쪽으로 정리를 했다면, 그때는 외가에 가서 크는 것도 괜찮다. 이 경우는 친가에서 안 키우겠다고 서로가 합의를 보아 결정이 떨어진 것이므로, 외가에 가서 커도 스스로 뿌리를 다시 내려 자신의 힘을 찾아내기 때문이다.

그런데 본가에서 안 놔줬는데 억지로 데리고 가서 키운다면 자식은 힘을 못 쓴다. 항상 친가에서 기운을 물고 당기고 있기 때문에 상충으로 인해 계속 기운 싸움을 하게 되어 힘을 쓸 수 없는 것이다. 그런데 만약 서로 못 키운다고 하면 친가나 외가를 생각하지 말고 고아원에서 크든지 입양되어 크는 것이 가장 좋다. 모르는 곳에 가서 크면 고개를 숙이고 크는 것이 아니라 오히려 고개를 들고 큰다.

그러면 이혼한 경우가 아니라 아빠가 죽은 경우, 엄마가 만약에 재혼을 하게 되면 아이를 친가에 두고 나가야 됩니까?

사별한 경우에는 엄마가 데리고 나와도 된다. 이것은 부부가 서로 뜻이 맞지 않아 헤어진 것이 아니기 때문에 엄마가 아이를 데리고 있어도 아이는 기가 죽지 않는다. 남편이 싫어 헤어졌다면 엄마는 아빠 대신이 될 수 없고 뿌리의 기운이 끊어져 아이의 기운을 다스릴 수가 없다. 하지만 같이 살다가 아빠가 죽은 경우에는 엄마가 아빠를 대신한다. 그래서 엄마가 데리고 나가서 키우는 것이나 전남편의 집인 친가에서 키우는 것이나 똑같다. 그러니 그럴 때에는 전남편의 집에서 잘 협조하면 아이는 친가에서 키우고, 협조가 안 되고 키울 여력이 안 된다면 엄마가 데리고 나가서 키우면 된다. 아무런 관계가 없다. 큰 나무가 죽으면 어린 나무는 뿌리를 그대로 내려 대를 잇는다. 그래서 더 실한 나무로 자랄 수 있으니 그런 경우는 엄마와 살아도 좋다. 사별했을 때에는 이혼했을 때와 경우가 다르다.

그러면 서로 합의를 해서 아이가 10년 넘게 외가에서 크고 있었는데 아빠가 재혼을 해서 아이를 데리고 오는 것은 괜찮습니까?

아빠는 항상 데리고 올 수 있는 권한을 가지고 있다. 만일에 엄마가 데리고 나가서 키운다면, 아빠 집에 한 번씩 다니게 하면서 엄마가 잘 키워 준다고 생각해라. 언제든지 아빠가 키울 수 있도록 아빠 쪽에 70% 무게를 실어놓고 키워라. 내 자식이니까 내가 데리고 왔다고 생각하는 길로 너는 어려워진다. 아이는 아빠 씨이기에 만약 그 집안이 홍씨라면 홍씨 자식을 감씨로 만들 수가 없는 것이다. 그러니 '헤어지더라도 중간 중간 내가 돌봐가면서 이렇게, 이렇게 도와주겠다' 이런 마음이어야 한다.

여자는 절대 네 자식이 없다. 네가 밭은 될지언정 네 씨는 없다. 이것을 섭섭하게 생각하지 마라. 그래서 여자를 보살이라고 하는 것이다. 보살은 만인의 어머니이기에 여자는 누구 한 사람의 어머니가 될 수 없다.

만인을 쓸어안을 줄 아는 넓고 큰마음을 가질 줄 알아야 한다. 네가 낳았다고 네 자식이라고 생각을 하여 딱 움츠리는 순간 너는 천벌을 받게 된다. 그러니 '저에게 지금 잘 키우라고 인연을 주셨으니 성심을 다해 키우겠습니다' 하며 이런 마음을 가지고 자식을 키워야 한다.

남편이 부인과 사별을 하고 재혼을 해서 자식이 태어나게 됐습니다. 이런 경우 자기 의지와는 관계없이 그 자식도 사자로서의 삶을 살며 어려움을 겪는 건지 또 어려움을 겪고 있다면 그 자식의 삶은 어떻게 살아야 어려움에서 벗어날 수 있습니까?

후처로 들어갔다 하여 무조건 자식이 사자로 오는 것은 아니다. 왜냐하면 남편이 부인과 사별을 한 경우는 이혼을 한 경우와 마찬가지로 아이들이 다 성장을 한 후 재혼해서 낳은 자식은 사자가 되지 않는다.

그러나 아이들이 어릴 때 재혼을 해서 자식을 낳으면 그 자식이 사자로 온다. 또한 이때 후처의 자식이 여러 명일 경우 모두 다 사자 역할을 하는 것이 아니라 그 중 한, 두 명이 사자 역할을 한다.

부모가 깨우치게 되면 자식의 사자 역할은 풀린다. 부모는 자식이 자신들을 깨우치기 위해 왔음을 알고 자식에게 잘못을 뉘우쳐야 된다. 그래서 "몰랐다. 나 때문에 네가 고생하는구나" 하고 진솔하게 이야기하여 그 마음이 자식에게 전달이 된다면 이제는 자식이 "제가 잘못했습니다"라고 빌게 된다. 그러나 부모가 깨치지 못하고 자꾸 자기 잘났는 줄 알고 살면 자식이 사자 짓을 하는 것이다. **부모로 인해 그런 역할을 하는 것이기 때문에**

부모가 깨우쳐 맺힌 고를 풀어 자식에게 던지면 자식은 그냥 풀려버린다. 그런데 부모가 이것을 모르니까 지금 자식한테 이 소리 한마디를 못 하는 것이다. 그래서 죽을 때까지도 풀리지 않아 한(恨)이 되는 것이다.

그럼 부모님이 깨치지 못하고 돌아가셔서 없는 경우에 그 자식들은 어떤 삶을 살아야 되는 겁니까?

이제 자기 삶을 산다. 즉, **부모를 원망하는 삶을 사는 것이 아니고 그때부터 제 인생을 살고 간다.** 본인은 사자로 왔으니까 사자 역할을 다 하고 가면 다음 생에 좋은 조건을 받아온다. 그러니까 우리가 이생만 산다고 생각하면 안 된다. 이생에서 내가 무엇을 하고 갔느냐에 따라 다음 생을 받아올 수 있는 조건이 주어지기 때문에 그런 것은 염려하지 않아도 된다. 그리고 사자역할로 온 사람들은 도중에 스승을 만난다든지 깨친 사람을 만나 개과천선하면 인생을 달리 살 수 있다. 이것은 다시 한 번 그 자에게 인생을 주는 것이다. 그렇지 않으면 늘 불평만 하고 사고만 치다가 죽는다.

조금 전 강의에서 감씨, 홍씨 예를 드셨는데 처음에 홍씨 남편하고 살면서 2명의 자식을 두었는데 홍씨가 죽고 감씨 총각하고 재혼하여 아이들 성을 감씨로 바꿔도 괜찮습니까?

안 된다. 홍씨는 홍씨로 살아야 한다. 그것은 부모 욕심이다. 요즘은 엄마 성으로도 많이 바꾸는 모양인데 성을 바꾼다고 뿌리가 되느냐? 힘을 못 쓴다. 법적으로 성을 바꿀 수 있게 해 놓은 것은 지금 사회에서 정한 사법(私法)이지 공법(公法)이 아니다. 공법은 족보이다. 족보에는 공식적으로 인정받은 자가 올라가는 것이고 사법은 경우에 따라 올라가는 것이다. 지금 밖에서 쓰는 사법에서는 될지라도 대자연의 법칙에 의한 부모 자식 간의 빚쟁이도표인 족보에는 절대 올라가지 못한다.

아이를 부양할 능력이 없어서 복지시설로 보내는 경우가 주변에 많이 있습니다. 그래서 불쌍하게 생각하여 그 아이들의 호적을 옮기지는 않고 그 아이의 부모가 경제력을 회복할 때까지 데려다 키우다가 나중에 돌려보내 주는 경우는 어떻습니까?

제 자식은 친부모가 키우는 것이 제일 좋다. 그러나 키울 자식이 없거나 형편이 좋아 남의 자식을 데리고 올 때에는 그 자식을 뒷바라지 하는데 전혀 문제가 없는 사람이 데리고 와야 한다. 자신도 경제가 어려운데 불쌍하다고 아이를 데리고 와 키운다? 그것은 객기이다. 자식을 키우는 데에는 뒷바라지 할 경제가 필요하고 그만한 노동력도 필요하다. 그러니 자신을 먼저 둘러보고 나서 거기에 합당한 행동을 해야 한다.

만약 데리고 오려면 여기에도 정확한 법칙이 있다. 남의 자식을 데리고 와서 키울 때에는 그 자식을 키우는 데에 들이는 비용이 아무리 많이 들어도 자신이 가지고 있는 경제에서 30% 미만으로도 충분히 가능해야 한다. 이것도 3:7의 법칙이다. 그런데 그런 형편이 안 되는 자가 데리고 와서 아주 어렵게 키운다? 이것은 하늘의 법칙을 어긴 것으로, 이 자식으로부터 나중에 안 좋은 꼴을 당하게 된다. 어느 만큼이냐? 3:7의 함수에서 멀어진 만큼 즉, 정확하게 이 법칙을 어긴 만큼의 농도로 그 어려움을 결국은 받게 된다. 아무도 피할 수가 없다. 그렇게 남의 자식에게 간섭을 하려고 들면 정확하게 당한다.

이런 법칙을 앞으로는 바르게 알아 어려움을 겪지 않아야 되고 바르게 행하여 그 공(功)이 아주 보람되어야 한다. 그런데 나중에 '실컷 키워놨더니 역시 남의 자식은 아무 소용없다'는 소리를 하는 것은 이 법칙을 모르고 함부로 그렇게 하다 당해서 나오는 말이다.

첫 애를 낳고 5년 만에 둘째를 가졌는데, 저는 아이를 원했고 남편은 원하지 않아 서로 합의를 못하고 결국 제 마음대로 낳았습니다. 그런데 그 애를 낳고 나서 저에게 어려움이 오고 이 아이도 크면서 자꾸 반항을 해서 저에게는 큰 짐이 되어 있는데 지금 스승님 말씀을 들으면서 남편과 합의하에 태어난 아이가 아니어서 혹시 사자로 온 것이 아닌가하는 생각이 듭니다.

사자는 아니다. 그러나 남편 동의 없이 낳은 것은 너의 잘못이다.

부부가 자식을 가질 때는 반드시 의논 동참하여 낳아야 한다. 다른 것은 합의를 안 했을 때 어려움을 조금 겪지만 사람을 두고 즉, 자식을 두고 합의를 하지 않는 것은 정확하게 대자연이 큰 고통을 주어 그것이 잘못이라는 것을 일깨워준다. 그러니 남자가 원하지 않는다고 하면 이것을 잘 이해시켜서 합의를 보든지 아니면 그 자식은 낳지 않아야 한다. 만약 그렇게 하지 않고 자식을 낳게 되면 사회도 어렵게 만들고 가족도 어렵게 만들고 그로 인해 엄청나게 잘못된 에너지가 주위에 탁하게 뿌려진다. 그러니 서로가 합의를 본 후 자식을 보고자 해야지 일방적으로 자식을 봤다면 큰 어려움을 겪게 된다.

우리가 어디 가서 배우려고 하고, 잘못이 있나 찾으려고 노력해서 이것을 찾았다면 하늘에 잘못을 빌어야 한다. "용서해 주십시오, 몰랐습니다" 하고 빌면 용서를 받게 된다. 자식이 모르고 지은 죄는 부모님이 항상 용서한다. 사람이나 대자연이나 다 똑같다. 우리는 0.1mm도 안 틀리게 대자연의 법칙에 준해 대자연과 같이 살아가고 있다. 네가 고통스럽다면 정확하게 너에게 잘못이 있다. 그것을 빨리 찾아내어라.

이때 잘못을 찾아내기 위해서는 선지식이 필요하다. 네가 어렵다면 이 어려움을 풀어 줄 선지식을 찾아야 하고, 찾았다면 그 사람이 이제 너의 스승이 되는 것이다. 그 스승으로부터 항상 가지고 있던 그런 아픔 하나하나를 바르게 풀어내어 네가 지금까지 저지른 것을 진심으로 사죄하면 된다.

아이 셋을 두고 아이 엄마가 나가버려 키울 형편이 되지 못해 돌 지난 애를 호적까지 파서 남의 집에 양녀로 보냈습니다. 그 아이를 지금 형제들과 만나게 해주고 싶은데 어떻게 해야 합니까?

그냥 두어라. 일부러 찾아 주지 마라. 나중에 다 만날 때가 되면 만난다. 지금은 찾을 때가 아니니 욕심내지 마라. 연락이 온다면 형제들과 만나게 하고, 일부러 연락되게 하여 만나게는 하지 마라. 억지로 하면 안 좋은 일이 생긴다.

지금까지 말씀으로 보았을 때 첩이 낳은 자식들도 아빠가 키워야 하는 것입니까?

그것은 결혼한 것이 아니지 않느냐? 본처는 집안에 들어와 원터에서 생산하여 뿌리에 박은 것이고 첩은 밖에 있는데 남자가 그곳에 가서 살면서 씨를 뿌려 놓고 와버린 것이다. 이런 경우에는 서로 성장이 다르다. 첩이 낳은 자식들은 그 밭에서 크고 힘을 쓰기는 하는데 뼈대 있게는 자라지 못한다. 나중에 아빠가 찾아서 데려와도 옆가지로 큰다. 원래 첩이 낳은 자식은 사고(思考)가 다르다. 그래서 반항아나 혁명가가 첩의 자식들에게서 많이 나온다.

일반적인 삶을 사는 남자가 밖에 나가서 자식을 보는 것은 잘못이다. 즉, 남자가 밖에 나가서 씨를 뿌리고 오는 것도 법칙을 어긴 것이다. 그러니 여자를 집안에 들여서 생산을 해야 한다. 그래야 여자가 가버려도 아이는 남아서 바르게 크고 나중에 빈자리는 다른 기운으로 메울 수 있다. 다시 한 번 강조하지만, 외도를 해서 자식을 낳는 것은 분명 잘못된 것으로 그 잘못한 %만큼 나중에 아픔으로 돌아온다. 이것은 그 누구도 어떻게 할 수가 없다.

인간이 음양으로 만나서 사는 것은 대자연의 법칙이다. 결혼 제도는 인간이 편의상 만들어낸 인위적인 제도가 아니라 업 소멸을 위한 하늘의 법도를 가지고 내려와 하는 것이다. 그래서 결혼은 하는 것이 좋고, 했다면 이런 법칙을 알고 헤어지는 일이 없도록 서로가 노력해야 한다.

제12강 태교, 어떻게 해야 하나?

問

임신 5개월인데,
총명한 아이를 낳고 싶어서
영어도 배우고, 음악도 듣고, 책도 많이 보면서
태교에 신경을 많이 쓰고 있습니다.
이외에 어떠한 것을 더 하면 좋은지 여쭙고 싶습니다.

答

태교는 대자연이 시키는 것이다.

태교는 신경 쓴다고 되는 것이 아니다.

왜냐? 태교는 부모가 하는 것이 아니라 대자연이 시키는 것이기 때문이다. 뱃속에서 아이를 만들 때에는 아직 '나' 즉, 인기(人氣)가 오지 않는다. 그러나 육신이 만들어져 뱃속에서 나오면 바로 그때 '나'가 육신에 들어간다. 이러한 원리는 '마음에너지'(스승 제1권에 수록)에 대해 설할 때 좀 더 자세히 해놓았으니 그것을 참조하라.

뱃속에서 막 나올 때에는 천지(天地) 기운으로 하여금 물질 하나를 만들어 낸 것이다. 그러면 '나'는 언제 생기는가? 아이가 생기고 석 달 열흘 즉, 100일이 되면 이 육신에 들어올 '나'가 점지된다. 그래서 임신 3개월째가 굉장히 중요한 것이다.

석 달 열흘이 딱 되면, 어떠한 영혼이 어떻게 윤회를 해서 무엇을 해야 되는지가 정해져 앞으로 태어날 육신과 기운으로 쫙 연결이 된다. 즉, 3·4차원이 연결되는 것이다. 그렇게 연결되고 나면 그 다음부터는 연결된 영혼이 들어올 수 있도록 그에 맞게 육신이 빚어진다. 즉, 들어올 영혼의 사주에 맞게 육신이라는 연장이 만들어지는 것이다. 왜냐? '나'가 오면 그 연장을 쓸 것이기 때문이다.

　3차원에서는 행동을 해야 되기 때문에 연장이 있어야 된다. 그래서 이 영혼이 전생에 하고 갔던 것과 앞으로 후생에 와서 해야 될 일, 그리고 우리 원소가 본래 대자연에 있을 때 지은 죄의 기운과 무게, 또한 앞으로 만날 인연들과 해야 될 행동 등 이런저런 것들이 전부 다 맞춰져 사주에 딱 맞게 연장이 만들어지는 것이다. 이렇듯 대자연이 그에 맞게 태아를 관리하는 것이다. 그러니 부모가 태교를 하고 싶다고 하여 마음대로 되는 것이 아니다.

　좀 더 구체적인 예를 들면, '음악을 들으면 좋다'고 하여 태교 음악을 들으려고 하는데, 만약 태교 음악을 듣고 자라서는 안 되는 아이라면 큰 아이가 와서 장난치다가도 오디오를 부숴 버린다. 또 아무리 부모가 고상한 음악을 들려주려고 해도 그런 음악을 들어서는 안 되는 아이라면 누가 시동생에게 술 한 잔 먹여 확 돌게하여 이 집에 오게 한다. 그리고는 흘러나오는 고상한 태교 음악이 시동생에게 아주 이상한 소리로 들리게 하여 기계를 부수게 만든다. 그래서 시동생이 올 때까지 고상한 음악을 듣고 조금 고요해졌던 마음도 시동생이 때려 부술 때 놀라서 다 없어지게 된다. 이처럼 부모가 아무리 태교를 잘하려고 해도 그렇게 하도록 두지 않는다. 대자연은 0.1mm도 틀리게 하지 않는다.

또 다른 예를 들면, 서울에서 아이를 가졌더라도 아이가 부산의 기운을 먹어야 된다면 단번에 아이 아빠를 부산으로 발령이 나게 하거나, 부산에 계신 시부모에게 일이 생겨 부산에 가서 시부모를 보살피게 해서라도 아이가 부산 기운을 먹고 자라게 한다. 그렇게 그쪽의 기운을 먹이고, 또 강원도의 기운을 먹어야 된다면 이번에는 강원도로 가게 만든다. 일을 희한하게 만들어서라도 가게 한다. 뱃속에 있는 아이를 성장시키면서 놀라야 될 일이 있다면 시커먼 도둑놈이 딴 집에 가려고 하다가도 확 틀어 그 집으로 가서 놀라게 하여 아이의 기운을 달라지게 한다. 그리고 광주에서 태어나야 될 아이라면 친정부모가 쓰러져서라도 광주로 내려가게 하여 그곳에서 아이를 낳게 한다. 이런 식으로 여러 가지 일이 일어나 성낼 일을 만들어 버리고, 입덧도 하게 하고, 변덕도 심해지고, 뭔가 신경이 곤두서게도 해 버린다. 반면에 편안하게 지내면서 낳아야 될 아이라면 그에 맞게 편안한 환경을 만들어 준다. 열달 동안 주위의 사람들을 태아의 여건에 맞추어 0.1mm도 틀리지 않게 움직이도록 하여 결국 임산부가 움직이고 변하도록 만든다.

이처럼 태교는 대자연이 시키는 것이지 부모가 억지로 한다고 되는 것이 아니다. 그러므로 '태교를 하면 좋다'는 말은 맞지만 누구나 그렇게 되는 것은 아니다. 아닌 것을 억지로 할 때에는 어떤 봉변을 당해서라도 다른 기운을 만들어 태아의 피가 다르게 형성되도록 만든다. 그러니 만약, 출가한 자식이 태교에 너무 신경 쓴다면 "억지로 하려고 하면 잘못 된다. 그러니 편하게 하라"고 일러주어라.

태교보다 더 중요한 것은 자식을 낳고 난 후부터의 교육이다.

아이를 가졌을 때, 어떤 산모는 아주 편안하게 지낼 수 있는 환경이 주어지고, 어떤 산모는 힘한 일을 많이 겪거나 심한 입덧과 임신중독증 등으로 육체적으로 힘들어지는 다양한 환경이 주어집니다. 그렇다면 임신했을 때 산모를 힘들게 하고 태어난 아이는 역경의 삶을 살고, 반면에 별 어려움 없이 편안하게 하고 태어난 아이는 순탄한 삶을 살아가게 되는 것인지 가르쳐 주십시오.

만들어 놓은 대로 살지 어떻게 살겠느냐? **만들어진 대로의 그 역할 밖에 할 수가 없다.** 그러나 자신에게 주어진 역할이 힘든 것일지라도 노력하면 큰 일을 할 수 있다.

산모를 힘들게 하고 태어난 아이에게는 힘든 삶이 주어진다. 하지만 자신의 DNA가 그에 맞게 형성되어 있기에 힘든 것도 잘 처리할 수 있어진다. 즉, 힘들게 사는 것도 능히 소화할 수 있다는 말이다. 그렇다면 편안하게 하고 태어난 아기라고 무조건 좋은 것이냐? 아니다. 나중에 갑작스럽게 어렵고 힘든 환경에 처하게 되었을 때에는 그 일을 처리하지 못하고 헛바퀴만 돌다 자신의 인생을 못 살게 된다.

무엇이든 우리에게 주어지는 것은 딱 맞게 주어진다. 그러니 지금 주어진 환경과 조건이 나쁘다고 생각하지 마라. **너에게 주어진 조건은 앞으로 네가 살아나가는 데에 맞게 주어진 최고의 조건이다. 세상에는 결코 나쁜 조건이 없다. 단지 우리가**

그렇게 분별할 뿐이다.

태교는 태아에 맞는 최고의 조건을 대자연이 만들어 주는 것이다. 즉, 뱃속의 아이가 태어나 세상을 살아감에 있어, 자신의 사주에 맞게 무엇을 경험해도 능히 소화할 수 있게 하는 것이다.

그러면 어려움을 많이 겪고 태어난 아이를 키울 때 부모가 자녀교육을 어떻게 해야 합니까?

부모가 이러한 원리를 알면 그것으로 된 것이다. 알면 아는 만큼 유의하고, 앞으로 올 일에 대해 항상 대비를 할 수 있지 않겠느냐? 모르고 다치면 "엄마야!" 하고 크게 놀라고 다치지만, 알면 항상 대비를 해왔기에 어느 정도 완화된 것을 접하게 되고 그렇게 되면 능히 처리할 수 있게 된다. 우리가 무거운 것을 들 때 누군가 옆에서 살짝만 들어주어도 들기가 얼마나 쉽더냐? 마찬가지이다.

지금 이 사람이 내주는 이런 강의들이 전부 다 생활의 지침서가 되라고 내어주는 것인데, 섣불리 보고 말았다면 분명히 어려움을 겪게 될 것이고, 잘 보고 깊이 새겨 자신의 지침서로 삼았다면 어려움을 피하게 되거나, 설령 마주하더라도 충분히 처리해 나갈 수 있게 될 것이다. 정법을 세상에 내어주는 이유가 바로 이것이다. 누구든지 정법대로 살면 능히 헤쳐 나갈 수 있다.

부모를 힘들게 하고 태어난 자식을 키울 때, 겸허한 자세로 노력하면서 키우면 그 노력이 반영된다. 그러나 억지로 노력하려고는 하지 마라. 한 쪽에 지나치게 신경을 쓰며 노력하려고 하면 다른 한 쪽이 모자라게 된다. 평소에 알고 있는 만큼 신경을 쓰면 억지로 하지 않아도 30%는 반영된다. 그러면 나머지는 아이가 충분히 이겨나가게 되어 있다. **항상 부모가 해주는 부분은 30%이고 나머지 70%는 아이가 스스로 하게 해야 한다.** 부모가 70%를 해버리면 아이가 노력해야 될 부분이 모자라게 된다.

지금 아이들이 잘못되는 경우가 바로 부모가 70% 신경을 써주기 때문이다. 부모가 30%를 넘어 더해주는 만큼 아이가 삶을 헤쳐 나가는 능력이 모자라게 된다. 70%는 당사자의 몫이기 때문에 그 몫을 잘 만져 나감으로써 앞으로의 삶에도 면역이 생기게 되는 것이다.

인간에게는 시간이 가면 갈수록 더욱 지적이고 고도적인 일이 다가온다. 더 쉬운 일이 다가오는 법은 절대 없다. 오늘날 자신에게 다가온 일을 잘 처리하기 위해 노력을 했기 때문에 그 다음에 오는 것을 처리할 수 있는 능력을 갖게 되는 것이다. 이것을 건너뛰는 법은 없다. 그러나 지금 앞에 오는 일을 대충대충 처리하고 갔다면 그 다음에 오는 것들을 처리하기가 어려워지고, 그것을 제대로 처리하지 못하면 그 다음에 오는 것은 더욱 처리하기 어려워진다. 나이가 점점 더 들어가면서 힘들어지는 이유가 바로 이 때문이다.

대충대충 사는 사람은 나중에 일이 부딪칠 때마다 힘들어지고 정성껏 열심히 사는 사람은 무엇이든지 헤쳐 나갈 수 있다.

그러므로 항상 아이가 자신의 노력을 다 할 수 있도록 부모는 30%만 신경 써 주어라.

민족이여 깨어나라

제13강 명당, 흉당

問

예로부터 갑자기 집안에 우환이 생기면
조상님들의 묘자리를 잘못 써서 그렇다는 말을 하고,
이사 갈 때에도 방위를 잘 살펴보고 들어가야 한다는 말이 있습니다.
과연 명당과 흉당이 있는지 여쭙고 싶습니다.

答

명당, 흉당 자리를 따지지 마라.

　풍수에 의하면 명당과 흉당이 있다. 명당은 양(陽)의 자리이며 흉당은 음(陰)의 자리로 사람은 누구나 양지인 명당에 들어가 살려고 한다.

　그러나 양지에 가면 오히려 더 안 좋을 때가 있다. 바로 자신이 어려울 때이다. 사람은 스스로가 센서이기에 자신의 기운과 땅의 기운을 맞추어보고 이때에는 양지에 갈 기운이 아니라는 것을 알아 스스로 음지로 찾아가는 것이다. 이처럼 사람은 자연의 흐름과 맞는 곳에 가서 기운을 바꾸어 내야 한다. 그러므로 흉당으로 간다는 것은 지금 어려운 곳에 가서 살 수밖에 없는 형편이어서 그런 것이다. 즉, 지금 흉당으로 너를 보냈다면 거기에서 겪어야 될 일이 있어 필요해서 보낸 것이니 그 자리에 간 이유를 알고 깨우쳐 기운을 살려야 한다.

아무리 흉당일지라도 지금 당장 사고가 나는 것이 아니다. 그러므로 그 자리에서 너 자신을 공부하며 반성하고 뭔가를 노력하고 있다면 그 자리가 너를 치는 것이 아니라 오히려 너를 도와 안 좋은 일을 당하지 않는다. 그런데 이런 것을 모르다 보니 무조건 명당으로 가기 위해 이사하려고 할 때에 점쟁이에게 물으러 간다. 그때 점쟁이가 "거기에 가면 나쁘니 저기로 가라"고 한다. 그래서 그 말을 듣고 가고자 했던 곳이 아닌 다른 곳으로 간다. 그런데 거기가 좋은 자리일 것이냐? 거기에 가도 또 사고가 난다. 지금 너의 기운이 나쁜 곳에 갈 수밖에 없는데 풍수가 어떠니 저떠니 하며 명당, 흉당만 논하고 있으니 또 어려움을 겪게 되는 것이다. 그런 때는 네가 아무리 명당을 찾으려고 해도 흉당 말고는 네 앞에 오지 않는다. 그러니 흉당이라도 네가 앉을 수 있는 자리를 준 것에 감사해야 한다.

음의 기운은 너를 보호하고 갖추는 데에 필요한 것이다. 네가 성장할 때에도 음에서 성장한다. 즉, 부모 밑이 음이라는 소리다. 그러나 성장을 하고 나서 밖으로 나가는 것은 양으로 가는 것으로, 이때 펼치게 된다. 우리가 어려워지면 부모를 찾듯이 음의 터 즉, 흉당에 갈 수밖에 없다. 저절로 그렇게 된다.

그러면 흉당인 음은 반드시 북쪽인가? 아니다. 북쪽이 되었든 동쪽이 되었든, 서쪽이 되었든 방향과는 관계없이 사람들이 많은 곳이 아닌, 깊은 곳을 말한다. 그래서 사람으로부터 양의 에너지를 받던 자가 어려워지면 사람으로부터 떨어져 음으로 들어가는 것이며 그곳이 바로 수행처이다. 그러므로 네가 공부를 해야 될 만큼 기운이 떨어졌다면 흉당을 찾아 자신을 갖추어야 한다. 그런데 무조건 명당을 욕심내어 갔다면 오히려 명당이 너를 두드려 패 결국은 음지로 보낸다. 맞고 갈 것인가, 그냥 갈 것인가?
  무조건 좋은 자리라고 해서 욕심을 내면 분명히 더 어려운 곳으로 가게 된다.

그러나 흉당에 앉아서도 발복(發福)하는 사람들이 있다. 누구이냐? 열심히 공부를 하여 그 기운을 이겨낸 자들이다. 그래서 다른 사람에게는 흉당이라고 하더라도 그들 자신은 거기에서 잘된다. 왜냐하면 흉당이라는 곳에 들어갔을 때에는 잘난 척도 하지 않고 더욱 조심하고 많은 노력을 하며 살기 때문에 잘되는 것이다. 그런데 "흉당은 무슨 흉당이야? 나는 그런 흉당이니 명당이니 따지지 않아. 그런 거 다 소용없어!" 이러면 두드려 맞는다. 그러므로 네가 앉은 자리가 흉당인 줄 알고 자신을 갖추고 공부하면 다시 기운이 상승되어 명당으로 옮겨 가게 된다.

아무리 좋은 명당일지라도 개가 앉으면 개 자리요, 아무리 나쁜 흉당일지라도 대인이 앉으면 명당이다.
 이 자리를 누가 어떻게 활용하느냐에 따라 빛이 나고, 안 나는 것이니 자리를 따지지 마라.

 이 나라에 명당 아닌 곳이 어디 있느냐?

민족이여 깨어나라

Part 6

대국(大國)은 땅덩어리가 넓어서가
아니라 사람의 품성이 넓어서 대국이다.

앞으로는 일본뿐 아니라
세상의 어떤 나라도 쓰나미와 같은 큰 재해가 발생되면
마음을 열어 내 가족 대하듯 보살펴주어야 한다.
지금 국제사회는 우리가 대인(大人)인지 아닌지를 보고 있다.

제14강 구제역, 이렇게 구제하라!

問

현재 우리나라에서 구제역 발생으로 인해
소, 돼지와 같은 가축 수백만 마리가 살처분되고 있고,
방역당국의 처리과정 문제로 심각한 환경오염이 우려되고 있습니다.
정부 수립 이후 이번 구제역의 규모가 사상 최고라고 하는데
이 시점에서 우리가 이러한 상황을 어떻게 봐야 하며
사람에게 영향이 없을지 궁금합니다.

答

지금 구제역은 예고편이다.

　사람이 됐든, 동물이 됐든 아픔이 다가오는 것은 현재 너희가 사는 모습을 그대로 보여주는 것이다.
　대자연은 인간이 사는 모양이 어떠냐에 따라 모든 것을 빚어낸다. 이때 직접적으로 다가와 부딪치면 아프다는 소리를 할 것이고, 간접적으로 다가오면 아픔을 모르고 그냥 지나갈 것이다. 이렇듯 구제역이 됐든, 조류 인플루엔자가 됐든 지금 우리 사회에 직접적으로 많이 다가오는 것은 피해갈 수 있는 것이 아니다.
　이 사람이 여러 강의에서도 말했지만, 6.25 이후 인류의 모든 문물이 이 나라로 다 들어왔듯이 인류에서 잘못되어 가는 것도 이 나라로 다 들어오게 되어 있다. 왜 그러하냐? 이 나라에서 해결해야 되기 때문이다.

이 나라에 들어온 것들이 어떤 식으로 들어왔는지를 잘 보라. 모든 것은 이 나라 안에서 발병되고 생산되고 일어난 것이 아니라 바깥에서 생산되어 들어왔다. 기술도, 지식도 모두 밖에서 빚어져, 서양에서부터 중원을 거쳐 뿌리로 들어왔다.

그러면 그것들이 언제 이 나라로 들어오느냐? 밖에서 70%까지 무르익어야만 이 나라에 들어온다. 왜? 나머지 30%는 국제사회에서 해결할 수 없고 뿌리에 들어와야만 해결할 수 있기 때문이다. 그래서 기술이든, 지식이든, 과학이든 인류사회에서 70%까지 만져야 여기로 들어오는 것이다. 그러므로 첨단기술은 아직까지 국제사회에서 70%까지 무르익지 않아 조금씩 들어오고 있지만 일반적인 기술은 전부 들어와 우리가 그 기술을 완성시켜 놓았다. 지금 병(病)도 마찬가지이다. 국제적으로 생긴 병이 이곳으로 다 들어오고 있다.

인류사회가 바르게 살지 않으면 이제부터 그 아픔이 우리에게 돌아온다. 사람에게 오는 병뿐만 아니라 동물에게 오는 병도 그 연장선이다. 동물에게 병이 와도 동물끼리만 발병되면 문제가 되지 않지만 사람에게 영향을 미치기 때문에 심각한 문제가 되는 것이다. 이 모두 국제적으로 일어나는 것들이 이 나라로 다 쏠려 들어온 것인데 우리가 당장 이 병만 잡는다고 해결이 되겠느냐? 균은 사람이 왕래하면 들어오게 되어 있다. 면역성이 있으면 크게 발병하지 못하고, 면역성이 떨어지면 발병하니 국민과 가축이 이러한 병에 노출되어도 괜찮은지 아닌지를 깊이 살펴보아야 한다. 가축에 의해 생기는 병은 소독하면 우선은 괜찮겠지만 나중에 가축을 키울 때 이와 같은 문제점이 또 발생한다. 위생상태가 너무 허술하고 사람이 왕래하면서 균이 자꾸 묻어 들어오니 그 씨가 퍼지는 것이다.

그렇다면 지금 이러한 사회가 잘못된 것이냐? 아니다. 지극히 정상이다. 왜? 이때까지 우리는 모든 모순을 빚어내는 세상을 살았다. 그래서 지금 이와 같은 문제는 아직까지 우리가 답을 찾지 못해 할 수 없이 겪는 것이다.

이 문제를 어떻게 풀어야 되느냐? 삼천리금수강산인 이 나라에서는 가축을 키우면 안 된다. 쇼킹하더라도 더 들어보아라. **돈 벌기 위해, 팔아먹기 위해 키우는 가축은 이 땅에서 더 이상 키우면 안 된다.** 그런데 지금 돈 벌기 위해 모든 국민이 소모할 양을 여기에서 다 키우고 있다.

이 나라에서 만드는 제품은 원재료가 70% 이상 여기서 생산되어야 한다. 비단 가축만이 아니라 모든 것이 마찬가지이다.

그런데 지금 사료를 외국에서 다 수입하여 먹이고 있다. 그러니 이러한 병이 생기는 것이 당연하다. 앞으로는 가축에게 우리 풀을 먹이든 우리 짬밥을 먹이든 이 땅에서 나오는 것으로 키울 수 있는 만큼만 키워야 된다. 그리고 지나친 가축사육으로 발생하는 엄청난 양의 배설물이 이 땅을 오염시키고 있다. 만약에 이 나라 국민이 모두 서울에 와서 똥오줌을 싸면 어떻게 되겠느냐? 처리가 안 된다.

지금 우리 국민이 고기 먹는 대가를 얼마만큼 지불하고 있는지 아느냐? 우리 국토의 오염을 담보로 하고 있기에 그 대가는 실로 엄청나다.

우리가 이 나라에서 생산해야 될 먹거리 양은 한정되어 있다. 그래서 부족한 것은 국제적으로 생산된 것을 수입해야 된다. 그것도 어느 나라에서 키운 것을 몇 % 수입하고, 또 어느 나라에서 키운 것을 몇 % 수입해야 되는지 이런 수치를 정확하게 계산하여 수입해야 한다.

왜 그렇게 해야 되느냐? 세상에는 가장 질 좋은 음식을 먹어야 될 사람이 있고, 질 낮은 음식을 먹어도 될 사람이 있다. 그것이 사람의 격(格)이라는 것인데, 여기에도 크게 3단계로 나눌 수 있다. 이 말을 잘못 이해하면 굉장한 오해의 소지가 있어 지금 말하기가 곤란한데 그래도 조금 언급하면, 음식을 잘 차려 놓은 상을 받으면 감히 못 먹는다며 손을 못 대고 안 먹는 사람이 있고, 또 호텔 로비에 들어가기가 겁이나 어디 잘못 온 것 같다는 사람도 있다. 그런 사람은 그런 음식을 먹거나 그런 곳에 들어가면 안 되는 사람이다. 그런데 누가 좋은 음식 먹자고 하여 먹고, 구경 한 번 하자고 거기 들어갔다 오면 그때부터 눈과 입을 버리게 되어 앞으로 자기 삶을 사는데 힘들어진다. 시골에 사는 사람을 시골에 잘 놔두면 되는데 서울 구경 한번 시키고 나면 간에 바람이 들어 다시 시골로 돌아갔을 때부터는 일이 잘 안 되는 것이다.

이처럼 사람의 격에 따라 갈 수 있는 자리와 먹을 수 있는 음식이 있기에 지금 이 나라에서 생산되는 것은 아무나 먹어서는 안 되고 반드시 먹어야 될 자가 먹어야 한다.

지금 여기에서 키우고 있는 가축의 30%만 키우면 구제역과 같은 일은 생기지 않는다. 그런데 이 양을 오버(over)한 것이다. 그것도 이중, 삼중 오버가 되어 있다. 현재 키우고 있는 가축의 70%는 여기서 키워서는 안 된다. 그런데 먹고사는 데에 치중하다 보니 그런 환경을 마련하지 못했다. 그래서 할 수 없이 규제를 풀고, 또 시골의 일자리 창출을 위해 이것이 사회에 어떠한 영향을 미치는지 깊이 생각하지 못하고 가축을 키우도록 권장하다 보니 그 양을 오버한 것이다. 그리고 지금 밖에서 들어오는 동물의 병을 방어할 수 있는 시스템도 없다. 그러다 보니 구제역이 발생하는 것은 당연한 것이다.

구제역이 처음에는 작게 발생했다. 그런데 못 깨치니 그 다음에는 조금 더 크게 오고 그래도 또 못 깨치니 점점 크게 치는 것이다. 몇 년 전 남해에 기름이 유출되어 바다가 오염되었을 때, 힘 모아 청소했다고 자랑하고 있다가 딱 2~3년 후에 서해에 기름유출 사고가 더 크게 터지지 않았느냐? 그때 우리가 얼마나 애를 먹었느냐?
이런 식으로 처음부터 큰 것이 터지지 않는다. 전쟁이 일어나도 처음부터 왕창 크게 터지는 것이 아니라 조그마한 것이 터졌는데 그 안에서 답을 찾지 못하면 그 다음에 더 큰 것이 터지는 것이다.
싸움을 해도 처음부터 크게 싸우는 것이 아니라 말다툼하고 서로가 노려보고 마음이 틀어져 있다가 더 큰 싸움이 일어난다. 사업이 무너질 때에도 그냥 폭삭 망하지 않는다. 분명히 암시를 준다. 암시를 주었는데 다른 방법으로 끌고 가면 분명히 큰 것이 터진다. 이렇게 두 번 터졌는데도 모른다? 그러면 세 번째는 왕창 터지는 것이다. 아픔이 오는 것도 사기를 당하는 것도 마찬가지이다. 무엇이든지 3단계이다. 처음에는 조그마한 것, 그 다음에는 조금 더 큰 것, 그 다음에는 아주 큰 것으로 진행된다. 그래서 '두 번까지는 용서해도 세 번은 절대 용서하지 못한다'고 하는 것이다. 지금 이렇게 구제역이 발병된 것은 예고편이다.

사회에는 질서가 있고, 대자연의 법칙이 있다. 그 법칙에 따라서 움직여야 하는데 너무나 모르고 있다. 이 나라가 아픔을 겪었다면 분명히 그 안에 이유가 있다. 이것을 풀어내야 한다. 지금 발생된 구제역을 바르게 풀지 못하면 이제는 인간을 직접 친다. 너희가 하고 있는 것이 얼마나 잘못되었는지를 가르치려고 하는 것이다. 그래서 그때는 아무리 완벽한 방역으로 막으려고 해도 안 된다. 지금부터라도 얼른 깨우쳐야 한다.

이제 이 나라에서 가축을 키우는 양 자체를 줄여야 한다. 사료를 수입하지 않고 키울 수 있는 정도로 가야 제일 정확하며 그렇게까지 줄일 수 없다면 사료를 아주 조금씩만 수입할 정도로 키워야 한다.

가축을 이 땅에서 기르지 않으면 식량문제를 어떻게 해결해야 합니까?

지금은 먹을 것을 우리가 전부 다 생산해서 소비하려 하는데, 앞으로는 이 나라에서 생산되는 음식은 제한된 사람들만 먹게 된다. 그러나 지금 돈 벌려고 하다 보니 너도 나도 엉망진창으로 무질서하게 키우고 있다.

그러면 어떻게 키워야 하느냐? 풀 먹는 짐승의 경우 이 땅의 기운을 받은 좋은 풀로 건초를 만들어 정성껏 잘 먹여 키우면 질이 엄청나게 좋아진다. 그러면 가격이 지금보다 10배가 비싸진다. 이렇게 비싼 음식은 누가 먹어야 하느냐? 제일 상층의 사람들이 먹어야 한다. 그 사람들은 돈을 그만큼 내고 먹어도 될 정도로 경제가 있다. '10배가 비싸니 다른 걸 먹을까?' 이런 생각을 하지 않는 층이다.

그런데 문제는 이 사람들이 그런 것을 먹고 제 할 일을 충분히 해낼 만한 역량을 가지고 있느냐이다. 즉, 국민이 '정성껏 생산한 것을 그 분이 드시면 좋겠다'고 생각할 수 있을 정도로 국민을 위해서 10배나 질량이 높은 일을 해내며 진짜 존경받을 만한 분이 있느냐이다. 그런데 그런 사람이 아직 한 명도 없다는 것이 더 큰 문제이다.

사람을 놓고 등급을 매긴다는 것이 이상하게 들리겠지만, 사람의 품격을 특급부터 1급, 2급, 3급, 4급, 5급, 6급, 7급 등으로 체계를 잡아 특급은 무엇을 해야 하고, 다음 사람은 무엇을 해야 되고, 그 다음 사람은 무엇을 해야 되는지 질서를 잡아 주어야 한다. 그 질서대로 격에 맞게 일을 해내야만 이 나라에 평화가 온다. 이런 모든 것이 전부 다 연결되기 때문에 지금 짧은 시간에 이런 문제를 설명하기가 굉장히 힘들다.

지금 외국에서 수입해서 먹으면 안 좋은 줄 알고 있는데 순전히 우리의 착각이다. 우리 국민이 질 낮은 생활을 하면 당연히 질 낮은 것을 먹어야 한다.

사실 이 나라에서 생산하는 것은 양으로 따지면 1년에 30%도 못 먹고 있다. 왜? 이 나라에서 생산한 것을 먹을 자격이 안 되니 못 먹는 것이다. 하지만 질량 높은 일을 하게 되면 이 나라에서 생산한 것을 먹게 된다. 즉, 국민으로부터 존경을 받으면 국민이 직접 생산한 것을 정성을 담아 가져다준다. 그런데 그런 일을 못하게 되면 상인에게 직접 사먹어야 되는 것이다. 상인은 이 나라에서 생산한 것만 팔지 않고 수입품과 섞어서 팔지 않느냐? 그래서 시장에서 사오면 중국산 아니면 외국에서 수입한 것을 먹을 수밖에 없게 된다.

우리 국민의 먹을거리는 우리 삶의 질량과 관계가 있다. 그래서 우리가 지금 수출하기 위해 막일만 하고 있으면 일꾼들이 먹어야 되는 것만 먹어야지 절대 이 나라 삼천리금수강산에서 생산되는 질량 좋은 것을 먹으면 안 된다.

이제는 우리의 먹는 습관도 조금씩 바꾸어야 한다. 거기에도 여러 가지 방법이 있는데 그 일환으로 각자의 체질에 맞는 음식을 먹는 것이다. 지금 무조건 고기를 먹어야 힘이 나고 좋은 줄 아는데 이 나라 삼천리금수강산에는 팔도의 에너지가 각각 있다. 그래서 우리 국민은 팔도의 기운을 가지고 있어 사람의 체질도 8가지로 구분된다. 어떤 사람은 고기를 먹으면 좋고 생선을 먹으면 좋지 않다거나, 어떤 사람은 생선을 먹으면 좋고 고기를 먹으면 좋지 않다거나, 또 어떤 사람은 채소를 먹으면 좋고, 이런 식으로 8가지 체질로 나누어 자신에게 좋은 것을 먹고 나쁜 것은 피해야 한다.

본인의 체질에 안 좋은 것은 30% 미만으로 먹고 좋은 것은 70% 이상 먹어야 한다. 그러면 지금 고기를 선호하던 사람들이 절반으로 줄어들게 되고 생선을 선호하던 사람들이 절반으로 줄어들게 된다. 그러면 자연스레 품귀현상이 일어나지 않는다. 이렇게 지혜롭게 대처할 수 있는 대자연의 법칙이 있다. 이제는 바른 방법을 찾아서 바르게 돌려내는 이러한 법칙을 써야 한다.

결론을 말하면, 앞으로 구제역의 문제는 여러 가지 방법으로 정확하게 대처해 나가는 노력을 해야 된다. 그렇지 않으면 직접적으로 우리에게 큰 아픔이 다가온다. 가축들의 병이니 인간에게는 오지 않는다고 하는데 이 자체가 환경을 오염시키고 그 여파가 고스란히 인간에게 온다는 사실을 알아야 한다. 지금 일부분의 희생은 분명히 있지만 이 정도로는 아직 대재앙은 아니다.

조금 있으면 구제역이 잡힌다. 그런데 이것은 방역을 잘하여 잡히는 것이 아니라 숫자가 줄어들어 잡히는 것이다. 다 죽여 버렸는데 걸릴 것이 뭐가 있겠느냐? 그런데 여기서 방역을 하여 구제역이 없어졌다고 잘못 판단하여 축산 농가에 다시 지원을 해주면 그 숫자가 다시 엄청나게 많아지게 된다. 그렇게 되면 또 지금처럼 묻어야 되는 사태가 발생하게 된다. 가축의 수를 줄이지 않으면 구제역은 분명히 또 온다. 그러니 이런 법칙을 정확하게 알려줄 때 들어야 한다.

나라를 운용하는 지도자들이 생각을 바꾸어야만 이 나라가 바른 길로 가게 된다. 국민의 우려가 그들의 생각을 바꾸게 하는 힘이 되고, 그 힘이 가던 길을 바꾸게 되니 지도자만 일하는 것이 아니라 국민 모두가 함께 일하는 것이 된다.

여러분이 걱정을 많이 하다 보니 이런 질문을 하는데 이 사람이 바른 답을 지도자들에게 내줄 터이니 너무 걱정하지 말고 각자 생활에 충실토록 하라.

민족이여 깨어나라

제15강 　잠자는 우리를 깨운 나라, 일본

問

우리나라와 일본은 아직도 감정의 고리가 남아 있어
우리나라의 일부 사람들은 일본에게 일제압박과 전쟁에 대한
사과를 계속 요구하고 있습니다.
그러나 반대로 지금 일본에서는 우리의 감정과는 달리
한국의 연예인들을 우상화하며 따르는 사람들도 많이 있습니다.
우리와 일본의 미묘한 관계를 어떠한 시각으로 보아야 하는지
가르쳐 주십시오.

答

일본, 잠자는 우리를 깨웠다.

오늘이 2월 28일 저녁이니 몇 시간 지나면 바로 3월 1일이지? 아, 뜻 깊은 날에 이 강의를 하는구만. 이 문제에 대해 진짜 공부해서 바로 풀어 보자.

먼 과거에는 일본이 우리에게 모든 것을 의지하고 살았다. 그래서 일본이 우리를 침략한다는 것은 상상도 할 수 없는 일이었다. 그러던 일본이 몇 백 년 전 갑자기 돌변했다. 그때가 바로 국제적으로도 인류의 기운이 한 곳으로 몰리기 위한 준비를 하던 때로, 이때 국제사회에 새로운 도시를 만들 준비도 같이 하였다. 그리하여 생긴 국제 신도시가 바로 미국이다.

그러면 이렇게 기운이 몰려 신도시가 만들어질 동안 일본은 무엇을 하였느냐? 이 민족을 길들이기 위해서 계속 침략을 해왔다. 니뽄도를 들고 "도츠케키(돌격)!"를 외치며 막 들어왔다. 그러나 우리는 선한 성품을 가지고 있지 않느냐? 그러다 보니 당했다. 그러다가 "이제 이렇게는 안 되겠다!" 하여 다시 일어나면 또 제압을 당했고 이런 식으로 역사가 반복되었다. 그러면서 일본이 점점 더 안으로 들어와 결국은 이 나라를 장악했다.

이때 참으로 묘한 것은 일본이 이 나라를 장악할 때 서양 강대국들이 뒷받침을 해주어 그렇게 할 수 있게 되었다는 것이다. 다시 말하면, 서양에서 개발한 총을 일본에 건네주어 일본은 그 총을 들고 이 나라에 쳐들어온 것이다. 그러나 엄밀히 말하면 서양도 "일본 너희들이 한반도로 쳐들어가라"며 의도적으로 총을 건넨 것이 아니라 대자연의 안배로 그렇게 되었던 것이다.

그때까지도 창 들고 활 쏘며 방어하는 것이 고작인 우리에게 일본은 심지에 불을 붙여 총 쏘며 쳐들어왔다. 우리는 이제 막 '팽~!' 하고 활을 쏘려고 준비하는데 일본은 '빵!' 하고 총을 쏘아 버리니 우리의 한쪽에서는 무슨 일이 일어났는지도 모르고 죽어가고, 또 한쪽에서는 죽는지도 모르고 죽어가고, 또 다른 쪽에서는 천둥같은 소리에 놀라 도망가고, 그나마 도망도 못 간 자는 담장 밑에 고개를 파묻고 벌벌 떨기만 했다.

그렇게 일본은 이 나라를 침략해 들어왔다.

그리고는 일본이 무엇부터 했느냐? 제일 먼저 양반, 선비로 살아오던 이 민족의 풍습을 모두 없애기 시작했다. 일본이 쳐들어오기 전까지 이 민족은 상투를 곱게 틀고 고유의 의복을 단정하게 입고 팔각정에 앉아 부채를 부치며 밤하늘에 떠 있는 보름달을 보고, "하늘에만 달이 있는 줄 알았더니, 술잔에 달이 하나, 내 님의 눈동자에 달이 또 하나, 호수에도 달이 하나 빠졌구나!" 하며 거문고를 뜯고 시를 읊조리며 풍류를 즐기는 신선과 같은 삶을 살았다. 그리고 타의에 의해 성(姓)도 갈린 적이 없었고, 누구 앞에 무릎을 꿇지도 않았으며, 어디 가서 쥐어 밟힌 적도 없었다.

만일 아무것도 경험하지 않고 길들여지지 않은 상태로 갑자기 2차 대전이 일어나고 6.25 전쟁을 맞이했다면 어떻게 되었겠느냐? 이 민족은 그렇게 험난한 상황을 결코 견뎌낼 수 없었을 것이다. 그래서 일본이 이 민족을 길들이기 위해 몇 백 년 전부터 조금씩, 조금씩 우리를 단련시켜 면역을 갖도록 만들었던 것이다. 오늘날 우리가 우리 옷을 버리고 서양 옷을 입고도 살 수 있게 된 것 또한 일본이 우리를 아주 기가 차게 길들여 놓은 결과이다.

이제 우리는 역사를 바로 보고 알 것은 바르게 알아야만 할 때이다. 다시 말하지만, 일본이 서양으로부터 총을 건네받아이 나라를 침략한 것도 모두 대자연의 안배에 따라 그들이 움직였던 것이다.

2차 대전이 일어나기 전까지 이 나라, 이 민족을 제일 잘 아는 나라가 어디일 것 같으냐? 그때까지 어느 누구도 이 나라와 이 민족을 알 수 없었다. 오직 일본만이 알았다. 일본이 이 민족을 상세히 알 수 있도록 수백 년 동안 대자연이 작업을 하여, 일본이 이 나라의 땅 밑에는 뭐가 있고, 어떤 종류의 기술이나 정보를 넣어 주면 어떻게 쓸 수 있는지까지 모두 파악하여 그 설계도를 다 가지게 하였다. 그래서 이 나라를 땅 속까지 아는 나라가 일본밖에 없었던 것이다. 그리고 36년 동안 우리를 압박하며, 우리가 어떤 생각을 하는지까지 캐내려고 꼬집고 비틀면서 고문도 했던 것이다. 2차 대전 때에도 다른 나라 사람들에게는 그렇게까지 하지 않았다. 우리 민족에게만 아주 끈질기게 끝까지 캐내어 우리의 심통 안까지 속속들이 알아내려고 했던 것이다. 그리고 우리가 금수저로 밥을 먹는지 은수저로 먹는지, 집에 숟가락 몽뎅이가 몇 개 있고, 사발그릇에 밥을 먹는지 놋그릇에 먹는지, 농 안에 숨겨놓은 것까지는 못 찾았지만 금붙이가 얼마나 있는지 이런 것들도 전부 다 조사를 하여 이 나라의 구석구석까지 알고 있었다. 심지어 세숫대야도 놋그릇으로 쓴다는 것을 다 알고는 전쟁 물자를 핑계로 깡그리 빼앗아 갔다. 그리고 방의 문갑 위에 장식한다고 올려놓았던 도자기 같은 것도 싹 걷어내어 가지고 가버렸다. 우리가 그런 것을 보며 좋아하고 있을 때가 아니라는 것이다. 그래서 이 나라의 귀한 물건은 일본이 가져가고, 영국이 가져가고, 프랑스가 가져가고 전부 다 여기저기 나누어 가져가 지금 그들이 다 보관하고 있다. 이것을 두고 '빼앗아 갔다'라고 하는데, 빼앗아 간 것이 아니라 그곳으로 이동해 놓고 보관하고 있는 것임을 알아야 한다.

우리는 그들에게 오히려 잘 가져갔다고 해야 한다. 여기에 있었더라면 전쟁으로 폭탄을 맞고 부서져 남아 있지도 않았을 것이고 또 제대로 보관을 하지 않아 곰팡이가 슬거나 부식되어 훼손되었을 것이다. 그러나 그들이 가져간 것은 지금 고스란히 잘 남아 있다.

그동안 우리는 먹고살기도 어려운데 그런 것들을 보관하고 관리해야 했다면 거기에 드는 비용도 만만치가 않았을 것이다. 그렇기 때문에 그들이 자기들 나라에 가져가서 보관하고 있는 것을 고마워해야 한다.

그러면 그들이 계속 보관만 하고 있을 것이냐? 계속 보관하겠다는 것이 아니라 조금 있다가 줄 것이다. 우리의 신용이 국제사회에 쌓일 때 그들이 보관하고 있던 것을 모두 이 나라로 돌려보내게 된다. 그러니 지금 찾아오려고 애쓸 것 없다. 우리가 보관하려고 하면 비용도 어마어마하게 들고 시간 또한 엄청나게 할애해야 한다.

지금은 그들이 비용을 엄청나게 들여가며 잘 보관하고 있으니 그저 지금 있는 곳에 잘 놓아두면 된다. 또 지금 우리는 그런 것을 보관하며 관리하고 있을 때가 아니다. 그들은 그렇게 하고 있어도 되기에 다 가져간 것이다. 앞에서도 언급했지만 나중에 우리가 진짜 살만할 때, 그때는 전부 다 돌아올 테니 아무 걱정 안 해도 된다. 이제 우리는 이런 대국적인 사고를 가져야 한다.

다시 돌아가, 2차 대전 이전까지 이 나라를 속속들이 알게 된 일본이 2차 대전 이후 6.25 전쟁이 끝나고 어떤 역할을 했느냐? 이 나라에 들어올 모든 지식과 기술을 이 나라로 이동시켜주기 시작했다.

이 민족의 생각과 근기를 누구보다 잘 알기에 2차 대전을 마치고 국제적으로 미국과 영국처럼 큰 곳에 몰려있던 기술과 정보들이 전부 이 나라에 들어와야 할 때 일본이 그것들을 받아서 넣어 주었다. 그것도 이 민족이 연구하고 검토하고 발전시킬 수 있도록 잘 매만져 넣어 주었다. 다시 말해, 섬유기술이 됐든, 시계를 만드는 기술이 됐든, 조립하는 것이 됐든, 디자인이 됐든, 법이 됐든 모든 기술과 정보와 지식의 씨를 전부 다 일본이 1차 가공하여 '이 정도는 해야 한국에 들어가서 잘되겠다'고 할 만큼 이 민족의 성격과 근성에 맞게 잘 만져 이 나라에 넣어 주었다. 일본이 국제 심부름꾼이 되어 모든 일을 다 한 것이다.

일본의 그러한 밑작업이 있었기에 휴전 이후 88올림픽까지 36년 동안 인류의 모든 지식에너지가 이 나라에 들어올 수 있었다. 물론 우리에게 그러한 기술과 지식이 들어올 때에는 '장사해서 판다'는 명분으로 들어왔지만, 결과적으로 그렇게 함으로써 이 나라에 들어와야 될 지식과 기술이 전부 다 들어왔다.

여기서 잠깐 재미있는 소리를 하면, 일본이 이 나라에 모든 문물과 지식과 기술의 씨를 넣어 주면서 마진(margin)을 너무 많이 남겨 먹었다. 다시 말해, 들어오는 지식이나 기술 중에서 이 나라에는 딱 쓸 것만 넣어 주고 나머지는 자기들이 다 썼다. 그래서 일본이 이 나라에 지식을 넣어 주는 일을 하면서 엄청나게 성장해 버린 것이다. 약아도 보통 약은 것이 아니었다.

지금 일본이 침체하고 있다고 하지 않느냐? 그것이 언제부터이냐? 88올림픽 이후부터이다. 왜 그러한가? 그들의 할 일이 없어지기 시작했기 때문이다.

88올림픽 전에는 인류의 문물이나 정보가 공중을 통해 즉, 비행기로 이 나라에 자유롭게 들어오지 못했다. 하늘 길을 열려고 해도 공산국가와 같은 나라를 거쳐야 되니 못 들어오게 되는 등 여러 가지 환경적·국제적 요인에 의해 순탄치 않았으며 겨우 석탄배나 유조선 정도만 하나씩 합의를 봐서 들어왔을 뿐이었다. 그래서 기껏해야 연료같은 것이나 들어올 수 있었지 많은 나라들이 자유롭게 이 나라로 들어오지 못했다. 들어오더라도 이 나라의 위쪽으로는 중국과 러시아가 공산국가라는 이름으로 금을 그어놓고 있었기에 유일하게 일본을 통해서만 문물이 들어올 수 있었다. 그래서 88올림픽 때까지 이 나라에 들어와야 할 것들을 날라주기 위해 일본이 통로가 되어 바쁘게 움직였던 것이다. 그런데 36년 동안 이 나라에 들어와야 될 것을 다 넣어 주고, 88올림픽을 계기로 막혀 있던 이 나라의 하늘의 길이 다 열리고, 이전까지 사용하던 바다의 길 또한 넓어졌을 뿐 아니라 위성시대 개막으로 통신의 문까지도 활짝 열리게 되어 모든 기술과 정보와 문물이 이 나라로 곧장 들어오니 일본이 더 이상 할 일이 없어진 것이다. 또한 이 나라가 직접 세계와 손잡고 뛰어다니고 왔다갔다 하면서 모든 것을 다 스스로 교통정리 해버리니 일본의 할 일이 없어져 일본이 침체하기 시작한 것이다.

일본은 나무 몸통에 해당하기에 원래 자체 기술을 개발하지 못한다. 가지에서 내려오는 것을 받아서 쓰고, 뿌리에서 올라오는 것을 가지고 쓰면 썼지 몸통에서는 개발이 있을 수가 없다. 그래서 나무 몸통에 해당하는 중국, 일본은 가지와 뿌리의 가교역할을 잘하는 것이 자신의 본분을 다 하는 것이다. 그렇게 가지에서 경험하고 개발되고 만들어진 모든 정보는 나무 몸통을 거쳐 이 뿌리로 들어와야 한다. 그런데 중국을 공산국가로 묶어 놓고 몸통의 한 귀퉁이인 일본을 열어 2차 대전 이후로 이 나라에 인류의 문물이 들어오는 데에 그 역할을 하게 했던 것이다.

이 역시도 대자연의 안배였다.

그러면 중국에게는 무슨 역할을 하게 했느냐? 다른 역할을 맡게 했다. 중국을 공산이라는 엄청난 굴레로 묶어 놓고 대륙과 연결되는 쪽을 모두 그들로 하여금 상대하게 했다. 그러는 동안 일본을 통해서 기술을 비롯한 인류의 문물이 이 나라에 잘 들어와 연구하도록 했던 것이다.

여기서 왜 중국을 묶어 놓고 일본을 열어 가교역할을 하게 했는지 조금 살펴보자. 일본은 중국과는 다르게 조금 약삭빠르다 보니 기술을 전해준다는 빌미로, 돈도 좀 벌 욕심으로 이 나라에 들랑날랑할 수가 있었다. 그래서 이러한 대자연의 작업이 가능했던 것이다. 그러나 중국은 이 나라가 자기 나라에 비하여 영토적으로 보나 인구로 보나 아주 작기에 조그마한 나라라고 여겨 조금만 틀어지면 발로 "폭!" 밟아서 "쿡!" 하고 먹어버리게 된다. 요즘 광고에서도 '쿡!' 한다며? 그처럼 홀떡 먹어버린다. 조그마한 나라이니 커다란 나라가 덮어 버리면 순식간에 형체도 없이 사라지게 된다. 요사이 중국이 그러지 않느냐? 고구려 땅도 원래 자기들 것이라 하고, 발해 땅도 원래 자기들 것이라 하고….

하루 빨리 우리의 자세로 돌아가지 않고 이런 식으로 중국과 경쟁이나 하면 앞으로는 지금과 같은 일이 걷잡을 수 없이 일어나 이것으로 서로가 싸울 일이 생기게 된다. 이는 우리가 그들에게 얕보였기 때문이다. 중국이 미국과 대작하며 자신들이 옳다고 우기면서 "쿡!" 하고 이 나라를 침략해도 미국은 중국에 아무런 제재를 가할 수가 없다. 이대로 가면 앞으로 무서운 일이 벌어진다. 그래서 중국을 공산으로 묶어 두고 나무둥치 한쪽 옆 귀퉁이를 열어 일본이 그 역할을 할 수 있도록 길만 틔워놓고 우리의 연구가 끝날 때까지 국제가 돕게 한 것이다.

그러면 일본을 통해 전달된 인류의 문물이 이 나라로 들어올 때에는 어디로 들어왔느냐? 바로 부산이다. 2차 대전이 끝나고 모든 물자가 부산으로 들어왔고 인류의 모든 기운이 뱃길을 통해 태평양을 거쳐 부산으로 다 들어왔다. 그 전에는 배타정책과 쇄국정책을 폈기에 이 나라 어느 곳에서도 인류의 문물을 받아들이지 않았다. 물론 꼭 필요한 문물 한, 두 개 정도는 선택적으로 받았다. 그러면서 주변국들과 엄청난 전쟁을 치렀다. 이 속에도 엄청난 대자연의 안배가 들어있다.

그것이 무엇이냐? 인류의 문물이 이 나라에 들어오게 되면 단일민족의 혼을 지닌 후예들이자 전후 1세대인 아날로그들의 DNA를 희석시킬 수 있기에 순수하고 우수한 단일혈통을 지닌 자들을 탄생시키기 위해 선조들이 수많은 희생을 치르면서도 인류의 문물을 막았던 것이다. 그러나 이제는 인류의 문물을 받아들여야만 되기에 대자연은 6.25라는 엄청난 전쟁을 일으켜 쇄국정책을 무너뜨리고 이 나라의 문호를 개방하면서 전후 1세대도 탄생하게 만든 것이었다. 그렇게 부산으로 들어온 물자들이 건설된 경부고속도로를 타고 중앙으로 모두 올라갔다. 부산에서 대구를 거쳐 서울로 이 에너지를 전부 다 갖다 날랐던 것이다.

그때 부산은 살판났었다. 부산만큼 살기 좋은 곳은 없었다. 인류 문물의 에너지가 넘실대다 보니 부산은 당연히 모든 것이

풍족할 수밖에 없었다.

　지금 갑부 된 사람 중에 부산에서 시작하지 않은 자가 누가 있느냐? 삼성, 현대 모두 그러하지 않느냐? 이렇게 부산이 살기 좋을 때가 언제까지였느냐? 88올림픽 때까지이다. 모든 것이 배로 들어와야 했기에 부산이 살찔 수밖에 없었다. 부산에서 모두를 먹이고 키웠다. 우리가 엄청나게 살기 힘들 때 초콜릿 한 박스 받으려고 모든 문을 열어 놓은 곳이 부산이다. 그리하여 초콜릿 한 박스에 지식이 하나 묻어 들어오고, 납딱밀 한 포에 지식이 묻어 들어오고, 또 밀가루 한 포에 지식이 묻어 들어오고, 버터 한 통에 지식이 하나 묻어 들어왔다. 이렇게 해서 인류의 지식이라고 만들어 놓은 씨앗을 이 나라 안에 전부 쓸어 넣었고 부산이 통로역할을 담당했던 것이다.

　지금도 많은 컨테이너가 들어와 중앙으로 올라가고 있다. 이것이 무엇을 의미하는가? 우리가 보기에는 단순히 물건이 올라가는 것 같지만 거기에 지식이 하나씩 묻어 쓸려 올라가고 있다는 것을 알아야 한다.

　물건만 받아들였다고 착각해서는 안 된다. 우리가 그 물건을 받아들일 수밖에 없도록 한 것은 인류에서 이루어 놓은 모든 지식을 이 나라에 다 들어오게 하기 위한 방편이었을 뿐이다.

　대자연이 우리가 미워서 인류에게는 주고 우리에게는 먹을 것 하나 없게 한 것이 아니다.

　다시 말하지만, 전쟁으로 폐허를 만들었던 것은 인류의 모든 문물을 배타하지 말고 전부 끌어넣을 때가 왔다는 말이다. 이럴 때 그 역할을 한 곳이 부산이다. 그리하여 정확하게 2차 대전 이후로 36년 동안 그 역할을 했다. 수억, 수만 년 동안 인류가 만들어 놓은 것을 36년 만에 싹 걷어서 이 나라에 넣어놓고 이 해동 대한민국에서 인류의 운동회를 열어 축하연도 벌이고, "만세~"하며 좋아하고, 박수를 치고, 불꽃놀이를 했던 것이다. 더욱이 그동안 한 번도 바꾸지 않았던 오륜기를 88올림픽 때 이 나라에서 새로 만들어 지금까지 쓰고 있다.

　또한 88올림픽을 기점으로 이 나라에 인류의 백성들이 다 들어오기 시작했다. 그때 이 해동 대한민국이 직접 인류의 백성들과 손을 잡게 되었다. 그리하여 170여 개국과 수교를 맺었다. 88올림픽 때 백성들이 이 나라에 들어오면서 어떻게 하고 들어왔는지 잘 상기해 보라. 각 나라의 깃발을 높이 세우고 들어오면서 "수단!" 하고 외치며 "우리는 인구가 몇 명이고, 공부를 하여 지식을 터득한 자가 몇 명이며 지하자원으로 다이아몬드가 얼마 있고, 니켈도 조금 있고, 땅은 몇 평이고…." 하면서 전부 다 보고서를 갖고 들어왔던 것이다. "나는 네팔! 나는 인도!" 이러면서 들어오고 "미국! 미국은 뭐가 어떻고…." 이러면서 국제 신도시도 이 나라에 들어왔다. 자신들이 가지고 있는 것을 거의 다 보고서로 만들어 들어왔다. 정말 묘한 일이 이 땅에서 벌어졌던 것이다.

세계 각국에서 보고서를 가지고 격식을 갖추어 "짠짜라잔짠짠짠~!" 팡파르를 울려가며 운동장에 들어설 때 얼마나 보기 좋았던가. 각 방송에서는 우리에게 전부 설명을 하고, 백성들은 왕실나라의 운동장에 들어오고…. 그때가 인류의 지도자가 탄생하는 순간이었다. 지도자가 탄생하면 모든 부족들이 살아온 흔적을 전부 다 브리핑 자료로 만들어 보고한다.

백성들이 인류의 지도자들에게 "지도자여, 우리가 이만큼 이렇게 해놓았으니 필요하면 언제든지 쓰십시오" 하고 우리에게 알리기 위함이었다. 일본도 그때 "대한민국에 기술을 넘겨주며 폭리를 취하여 우리가 이만큼 벌어 놓았습니다" 하며 "지금은 GNP가 얼마이고, 앞으로 잠재능력이 어떻게 되고, 우리가 쌓아놓은 것이 얼마이며, 국민은 몇 명입니다"라고 숫자까지 탁탁 알려주며 자기 나라에서 그때까지 노력했던 것을 가지고 전부 다 브리핑을 했다. 즉, 인류의 지도자인 이 민족에게 각 부족들이 그때까지 어떻게 성장해왔고, 어떠한 에너지를 가지고 있고, 곡물은 얼마만큼 생산하고 있으며, 지하자원은 어떠한 것들을 가지고 있고, 자신들이 어떠한 일을 할 수 있고, 어떠한 것을 얼마만큼 준비해 놓았다는 것을 전부 왕실에 들어와 다 보고를 올려 자신에게 맞게 설계해 달라고 했던 것이다. 그런데 그런 설계를 해준 자는 없고 석유가 있다고 하니 오히려 석유를 사러 갔고, 니켈이 있다고 하니 니켈을 사러 갔다. 그리고는 그것들로 물건을 만들어 오히려 그들에게 팔아먹고 있다. 에라이~ 멍청한 것들!

 잘 보아라. 88올림픽 전까지는 다른 나라들이 자기 것을 걸어 잠그려고 엄청나게 노력했다. 그래서 철저히 비밀에 붙여지던 그 정보를 얻기 위해 나라끼리 첩보전도 벌렸다. 그런데 88올림픽 때 국제적으로 빗장 걸었던 창고 문을 다 열었다. 그것도 우리나라에게 제일 먼저 열었다. 그리하여 첩보전을 해야만 알 수 있었던 정보를 힘도 들이지 않고 앉아서 다 받을 수 있었다. 이 정보만 있으면 못할 일이 없었다. 그런데 이것을 아는 자가 아무도 없어 우리는 이러한 사실도 모른 채 그들을 맞이했기 때문에 무슨 일이 일어났는지, 꿈인지 생시인지도 분간하지 못했던 것이다. 하물며 아직까지도 이것을 깨치지 못하고 있으니 정말 애석한 일이다. 이러한 것을 바르게 알았더라면, 그때부터 10년간 이 재료를 어떻게 쓸 것인가를 연구했을 것이다.

백성들은 어떻게 쓸 줄을 모르니 쓰지 못하여 모아만 놓고 기다리고 있었던 것이다. 그렇게 모아 놓은 것을 상세히 보고한 이유는 지혜로운 자들이 이것을 인류에 바르게 쓸 수 있도록 하기 위함이었다. 그래서 우리는 그것을 알아 그 나라에 득이 되고, 그 나라가 이롭게 되도록 바르게 쓰는 길을 전부 다 지도해 주는 지도자가 되었어야 했다. 그런데 그저 내미는 보고서만 받아 무엇을 받았는지도 모르고 한쪽 구석에 그냥 처박아 두고, 있는지 없는지 조차도 모르고 있다.

　이렇게 인류의 문물을 받아들이고 흡수하던 36년이 끝나고 우리가 직접적으로 국제와 교류를 하면서 일본이 그동안 너무 많은 이익을 챙긴 것을 알게 되었다. 그래서 이제부터 우리가 국제와 직접 교류를 해야겠다고 하여 이제는 일본에서 들어온 기술이나 자료나 정보를 쓰지 않는 것이다. 그러니 일본이 "이제는 이익을 챙겨 많이 떼어먹거나, 기술이나 지식을 전해주지 않고 몰래 빼먹거나 하지 않을테니 제발 쓰십시오"라고 해도 우리가 믿지 않는 것이다. 그러니 일본의 역할이 없어지기 시작하여 그때부터 퇴보하기 시작한 것이다.

　또한 여기에는 일본의 근성과 문화에도 그 원인이 있다. 일본은 '조상 대대로 몇 대째 우동 집을 하고 있다'라고 하면서 가업을 잇는 것을 매우 자랑스럽게 생각하고, 주변에서도 그런 이를 높게 칭송해 준다. 그리하여 일본은 몇 대가 지나도, 회사에서 높은 직위에 있다가도 부모님이 돌아가실 때가 되면 가업을 잇기 위해 우동 팔러 가야 된다며 그 자리를 나와 우동을 팔려고 하고 있다. 그러니 계속 퇴보를 하는 것이다.

그런데 이 민족은 어떠한가? 부모님이 우동 장사를 하면 "나는 절대로, 목에 칼이 들어와도 우동 장사는 안 한다!"라고 한다. 이 민족은 과거의 것에 손대지 않으려 하고, 일본은 과거의 것을 붙들고 놓지 않으려고 한다. 이것이 우리와 일본의 차이이다. 그래서 이 나라는 발전하게 되어 있고, 일본은 계속 낙후되게 되어 있다.

그렇다면 앞으로 일본이 저대로 계속 낙후되어 망해도 될 것이냐? 절대 안 된다. 일본이 망하면 이 나라는 큰일 난다. 몸통이 없으면 뿌리와 나뭇가지의 가교역할을 해줄 것이 없어진다. 나무를 톱으로 쓱~ 잘라 보아라. 어떻게 되는지. 큰일 난다. 몸통은 그대로 놔두고 잘 써야 된다. 그래야 지혜롭다.

일본은 지금 서양의 우수한 정보를 많이 확보해 놓고 있다. 그것은 인류가 뿌리로 물을 내릴 때 즉, 정보를 이동할 때 한국을 깊이까지 알려고 노력해서 알았듯이, 한국에서 들어온 정보로 이제 문화를 다시 꽃피울 때, 정법이 생산되어 바른 일을 하기 시작할 때, 그 역할을 하기 위함이다. 그리하여 정법을 인류에게 전해주는 일을 할 때가 오면 일본은 다시 엄청나게 성장하게 된다.

    우리는 서양에 직접적으로 정법을 갖다 넣을 수가 없다. 그래서 우리 대신 일본이 지금 그 사람들의 DNA까지 다 조사하여 각 민족마다 어떻게 해주면 좋아하는지까지 다 조사해 놓았다. 그래서 우리가 만드는 정법의 생산품을 일본에게 슬쩍 건네주면 일본은 국제에 알리고 펼치는 데는 최고로 잘 할 수 있도록 모든 준비를 다하고 있다.
    뿌리에서 다시 물을 올릴 때 나무 몸통에서 할 일이 생기듯 그때를 위해서 지금 일본은 이 모든 것을 준비하고 있다. 그래서 뭔지는 모르지만 한국에서 뭔가가 나올 것 같으니 눈치를 보며 살살 들어오는 것이다. 어떤 이들은 일본에 한국 드라마를 가지고 가서 붐을 일으켜 보려고 하지만 그것은 정법생산품이 아니다. 아직 정법의 콘텐츠가 나오지 않았다.
    그들은 우리가 좋기는 하나 무엇 때문에 좋은지, 왜 좋은지 그 깊이는 모르고 있다. 이제 우리가 하루라도 빨리 준비하여 제대로 된 콘텐츠를 던져주어야 한다. 그러면 일본이 기(氣)가 확 살아서 왕성하게 일을 하게 된다. 일본은 우리 대신 일꾼 노릇을

기가 차게 할 수 있도록 모든 준비가 다 되어 있다. 이제 우리의 것만 바르게 생산하면 된다. 우리나라도 생산할 모든 준비가 다 되어 있다. 정리만 해서 내주면 되는데, 지혜가 없으니 아무도 못 보고 있어 손을 못 대고 있다. 이것을 완성시키면 몇 년 안에 이 나라와 일본에 엄청난 변화가 일어나게 된다.

곧 춘삼월이 온다. 봄에는 나무에 기운을 올려 주어야 한다. 그래야 나무가 왕성하게 살아나게 된다. 그런데 이것을 붙들고 있기를 어언 60년. 6.25가 끝나고 한 갑자 즉, 한 주기가 다 되어간다. 60년 동안 뿌리에서 꿈틀거리고 태동을 했으면 이제는 위로 영양분을 올려 주어야 될 때이다. 그러나 시간이 되었는데도 영양분을 올려주지 않으면 병충해도 오고, 영양분도 없어 나무가 큰일 난다. 날파리 하나도 견디지 못한다.

이제 우리는 더 이상 일본을 미워해서는 안 된다. 일본을 다시 보아야 되는 이유가 분명히 있다. '왜 우리가 그렇게 당했어야만 됐고, 왜 그렇게 짓밟혔어야 했던가?'라는 이 역사를 바로 풀어야 한다.

깨우치고 보면 일본만큼 고마운 나라가 없다. 그래서 "너희 때문에 우리가 다시 깨어날 수 있었으니 고맙구나. 너희가 진짜 할 일을 할 수 있도록 우리가 그 길을 크게 열어주마"라고 해야 된다. 그렇게 될 때 '역시 지도자다'라는 소리를 들을 수 있다.

지도자는 지도자다워야 한다. 용서가 아니라 우리가 미안했노라고. "우리가 세상을 바로 보지 못했고, 여유롭게 부채질만 하고 있었는데 그대들 덕에 그래도 큰 고비를 넘겼소!" 하고 일본을 칭찬도 하고, 앞으로의 일에 대한 설계도 같이 하며 "우리가 그대들에게 제대로 된 콘텐츠를 줄 테니 세상에 크게 득 되게 하라" 이러면서 큰 생각을 해야 되는데, 지금은 그저 '왜놈! 나쁜 놈!' 하며 안중근이 어쨌느니, 독립 운동이 어떠니 하며 여기에만 매여 다른 것은 하나도 보지 못하고 있다.

물론 독립 운동한 것을 비하하려는 것은 아니다. 그들도 나름대로의 노력을 하였지만 대자연의 원리에 의해 정확하게 36년이 되는 해에 국제 신도시(미국)가 와서 일본을 때리고 가게 되어 있었다. 이 36수는 대자연의 함수로, 그 전에는 결코 압박에서 벗어날 수가 없었다. 이에 대한 자세한 설명은 추후에 하기로 하고….

미국은 국제의 기운에너지가 모여 있는 곳이며, 국제허브이다. 그래서 인류의 첨단기술도 그곳에서 보유하고 있고, 국제적인 문제가 발생하면 미국이 나서야만 해결되게 되어 있다.

이러한 미국이 2차 대전 중 일본에 원자폭탄이라는 거대한 콧김을 불어 버리니 일본이 "항복!" 하고 두 손을 들었던 것이다. 일본이 항복한 곳은 영국도 아니고, UN도 아니다. 바로 국제 신도시인 미국이다.

우리가 일본을 탓하고 욕만 하고 있다면 절대 지혜가 열리지 않는다. 바르게 풀면 절대 일본을 욕할 수가 없다. 그리고 탓하던 것을 놓게 되면, 마음이 커지기에 지혜가 열린다. 크게 바라보아야만 깊이가 보이는 것이지, 일본이 과거에 우리에게 이렇게 했네, 저렇게 했네 하며 조그만 데에 얽매여 그것을 붙들고만 있으면 지혜가 꽉 막혀 미래로 향해 나아갈 길이 도저히 보이지 않는다.

지난 6.25 강의를 할 때에도 말했듯이 6.25 전쟁도 북한이 먼저 쳐들어왔니 어쩌니 하고 있지만 그 또한 그들이 쳐들어오고 싶어 온 것이 아니다. 일단 일을 벌려야 다음 할 일이 생기게 되니 그 역할을 한 것이다. 북한은 이 나라가 국제연구소가 되어 보고서를 받아 저마다 소질을 가지고 열심히 연구하고 탐구할 동안에 울타리를 딱 치고 대륙의 국가들이 그 이상 한반도에 못 들어오게 신장(神將) 역할을 하고 있다. 그러면서 마치 공산

주의와 손잡은 것처럼 트릭을 써서 대륙에서 쳐들어오는 것을 전부 다 막고 있다. 하지만 이런 식으로 막으며 트릭(trick)을 쓰는 것에도 한계가 있다.

그러므로 지금 우리가 빨리 보고서를 정리하여 답을 내지 못하면 북한이 매우 어려워진다. 지금 북한을 잘 보아라. 버티고 버티다가 배가 고파 "형, 살려줘! 살려줘!" 하고 고꾸라지고 있다. 힘이 다 빠졌으니 빨리 좀 완성하라는 소리이다. 북한이 버티고 막으면서, 마치 전쟁을 할 것처럼 트릭만 쓰며 막 으르렁거리고 있는 것은 그렇게 해야만 국제사회에 들키지 않기 때문이다. 우리 형제들이 짜고 치는 고스톱인 줄 알았으면 벌써 주변국에서 이 나라를 덮어도 덮어 버렸지 절대 가만히 놓아두지 않는다. 바로 '쿡!' 하고 짓밟아 버린다. 그래서 우리는 북한도 바르게 보아야 되고 인류도 바르게 보아야 된다.

일본은 소중하다. 일본은 지금까지 자기들의 역할을 충실히 해왔다. 일본인들이 자기 할 일을 할 수 있도록 우리가 제대로 된 콘텐츠를 만들어 주어야만 한다. 그래야 그들도 할 일이 생기고, 그들이 있기에 우리도 콘텐츠를 수출하여 성장·발전할 수 있는 것이다. 우리가 그렇게 할 때 이 고목나무 전체가 건강해지기 시작한다.

이제 나무둥치로 전부 다 물을 올릴 것이다. 그래서 중국도 지금 문을 활짝 열었다. 이렇게 중국으로 일본으로 정법의 콘텐츠가 수출되어 나갈 때 세계가 하나로 되고, 일본과의 관계도 지금까지의 불편한 관계를 청산하고 서로가 상생과 협력의 관계로 손을 잡고 나아갈 수 있다.

제16강 일본 쓰나미, 하늘도 울고 땅도 울고

問

몇 년전 인도네시아의 쓰나미로 인해 많은 사람들이 죽었고
또 지금 지진으로 인한 쓰나미가 일본을 덮쳐 피해가 엄청납니다.
그 여파로 한반도를 포함해 지축까지 움직였다고 하는데
이러한 현상을 어떻게 보아야 하고,
가장 가까이에 있는 우리나라가 피해를 당한 일본에게
어떻게 해야 하는지 궁금합니다.

答

한국이 일본을 돕는 나라로 바뀔 수 있는
절호의 기회이다.

우리가 느끼지 못하지만 지판은 아주 미세하게 항상 움직이고 있다.

지금은 인류 진화발전의 시기로 볼 때 70% 선상에 도달해 있다. 이제 3:7의 법칙에 의해 70%를 넘어서 후천개벽시대를 맞는 30%의 새로운 역사가 시작되는 시점이기에, 그 변화에 맞추어 지각변동도 크게 일어나는 것이다. 앞으로 이런 일들이 국제적으로 몇 차례 더 일어난다.

일본 땅은 우리에게 어떤 존재이냐? 한반도의 방파제이다.
과거 바닷 속에 잠겨있던 한반도가 지각 변동에 의해 융기되면서 이 땅을 덮고 있던 거푸집이 벗겨져 밖으로 밀려났다. 그

거푸집이 지금의 일본 땅이 된 것이다. 그래서 그 여파로 지금 동해의 해저에는 깊은 계곡이 패여 있다.

그러면 왜 일본땅을 방파제로 세워 놓았느냐? 이 나라가 뿌리국이기 때문이다. 뿌리가 손상되면 나무가 죽기 때문에 일본을 방파제로 세워두고 거대한 태평양의 수기(水氣)가 직접적으로 이 나라에 몰려오는 것을 앞에서 걸러주고 지진이나 쓰나미와 같은 것이 이 땅에 도달하는 것을 방지하여 이 나라를 보호하기 위함이다. 그래서 지금 이 땅이 움직이는 것은 크게 걱정할 필요가 없지만 보호받고 있는 만큼 우리가 해야 할 일이 무엇인지는 반드시 찾아야 한다.

이런 위치적, 환경적 이유 때문에 원래 일본 땅은 사람이 살기에는 적합하지 않은 곳이다. 그래서 일본인들의 DNA가 거대한 태평양의 수압을 이겨내지 못해 관절이 많이 손상되어 관절병이 많고 그 관절병을 고치기 위해 뜨거운 물에 몸을 담그는 온천문화가 곳곳에 발달되어 있는 것이다.

많은 일본인들이 지진피해로 인해 한국으로 들어오고 있습니다. 그들을 어떻게 대해야 합니까?

일본은 방파제이다 보니 환경적으로 여러 가지 일이 많이 일어난다. 그래서 우리는 그곳에 살고 있는 그 사람들을 보호해 주어야 한다.

우리와 일본과의 관계를 바르게 알면 일본인을 미워해서는 안 된다는 사실을 알게 된다. 일본은 잠자는 우리를 깨워주었기에 우리가 보호해야 될 사람들이다. 그래서 한가족으로 품고 도와주어야 한다.

예전에 일본의 역할에 대한 강의에서 우리가 제 잘난 줄로만 알고 정신을 못 차리고 있을 때 일본은 우리를 깨우는 역할을 충실히 했을 뿐만 아니라 우리를 다시 살리기 위해 국제원조의 통로 역할을 하여 그들의 활약으로 우리가 지금처럼 일어설 수 있었다고 하지 않았느냐? 그러기에 이제는 우리가 일본을 품어야 될 때이며 지금 그들이 어려울 때 우리가 돕지 않으면 안 된다.

또한 지금이 어떤 시기이냐? 지금까지는 일본이 한국을 돕는 나라라고 생각했던 것에서 이제는 한국이 일본을 돕는 나라로 바뀔 수 있는 절호의 기회이다. 지금 일본인들이 큰 피해를 입어 당황하고 오갈 데가 없고 정신적으로 피폐한 이때 한국이 그들을 쓸어 안아주어야 된다. 이런 일이 이번만 있을 것이 아니고 또 몇 개월 하다 말 것도 아니다. 다른 것이 또 있다. 그래서 앞으로 피난도 많이 오게 된다. 이렇게 오는 기회를 우리가 깨치지 못하여 일본을 품지 못하면 나중에는 분명히 우리가 화살을 맞는다. 또 과거처럼 배타하다가는 인류의 지도자 품성이 아닌 것이 드러나기에 분명히 지탄을 받게 되어 있다. 그러니 지금 그들이 어려울 때 얼른 눈을 떠야 한다.

그들이 어려울 때 내 자식 품듯 하면 우리가 큰 대인임을 알게 된다. '수없이 침략하여 속국으로 만들어 짓밟았는데도 어떻게 저런 큰마음으로 받아들일 수가 있는가?' 하며 세계가 놀라는 민족으로 바뀌어야 한다. 지금까지 대자연은 우리에게 여러 번 기회를 주었지만 우리가 그것을 살리지 못하고 그냥 보냈다.

지금 다시 우리에게 기회를 주는 것이다.

대자연은 움직이면서 항상 우리를 보고 있다. 우리들이 성장했는지 아니면 아직도 소인배로 살아가고 있는지를 보는 것이

다. 이제 대인이 될 수 있는 품성을 가져야 된다. 우리를 침략했다고 미워하면서 졸장부 짓을 할 것이 아니라 그들이 어려워할 때 큰 가슴으로 품어주는 대인으로 바뀌어야 된다.

대국(大國)은 땅덩어리가 넓어서가 아니라 사람의 품성이 넓어서 대국인 것이다.

지금 우리가 지진 피해를 돕기 위해 성금도 많이 하고 있는데 그것도 같은 맥락으로 보아야 합니까?

이러한 깊은 의미를 모르다 보니 돕는다는 생각으로 성금을 걷고 있는데 그것은 작은 일이다. **먼저 마음을 열어야 한다.** 그러면 돈은 자동으로 모이게 되어 있다. 단체나 개인들이 성금을 내면서 체면치레나 무슨 행세를 하는 것처럼 해서는 안 된다. 마음을 열고 내 가족 받아들이듯이 해야 한다. 대인은 내 품에 들어오는 자를 절대 내쫓지 않는다.

우리가 조금 살기 어려워도 그들을 품어야 한다. 지금 일본인들이 우리나라에 많이 들어온다고 관광수입이 크게 늘겠다고 생각하거나 우리에게 경제적으로 어떤 이익이 오고 어떤 손해가 오는지 그런 경제적 관점만을 따지면 파렴치한 자가 되니 경제에는 신경 쓰지 마라. 우리가 대인의 마음으로 그들을 품으면 경제적 수입은 저절로 발생되게 된다. 그들에게 이익 보려는 생각을 하지 말고 품어 안아 '이들을 어떻게 일으켜 줄 것인가, 어떻게 하면 이들이 고통에서 하루 빨리 벗어나 밝은 미래를 열어가게 해줄 것인가?' 이런 생각을 하라는 것이다. 그래야 그 후에 엄청난 후폭풍이 일어나게 된다. 지금 우리의 행동에 따라 순풍으로 올 것인지, 화(禍)로 다가올 것인지가 결정된다.

오늘 한 일이 내일의 미래를 보장하는 것이다. 위기가 닥쳤을 때, 상대가 어려웠을 때 어떻게 품어주느냐에 따라 상대가 나에게 목숨도 바칠 수 있다. 그러니 얄팍한 계산으로 해서는 안 된다. 우리가 지금 마음을 열고 전력을 다해 일본을 도와주는 것이 미래의 투자이다. 만약 우리에게 무슨 일이 있으면 그때 일본이 가만히 있을 것 같으냐? 그리고 우리와 교류를 할 때 사사건건 자질구레한 것을 따질 것 같으냐? 무조건 오케이다. 그때부터 자기 이익만 따지지 않는다. 이것이 큰 투자인 것이다.

앞으로 지금 1, 2년 동안 우리가 노력을 해서 일본을 돕는 것은 미래 건설이므로 우리의 일이라고 생각하고 국가가 힘을 다해 적극적으로 나서서 도와야 한다. 일본 땅은 남의 땅이 아니다. 일본이 잘못되면 우리도 잘못된다. 이제는 우리도 대인의 마음으로 바라볼 만큼 성숙되지 않았느냐?

앞으로는 일본뿐 아니라 세상의 어떤 나라도 이런 일이 발생되면 내 가족 보듯이 해야 한다.

우리보다 후진국인 전 세계의 70%에 해당하는 나라들을 진짜 돌보아야 하는 시대가 왔다. 그런데 지금 우리의 힘과 경제가 그만큼 미칠 수 있느냐? 없다. 그러면 어떻게 해야 하느냐? 힘과 경제가 아니라 지혜로 돌보아야 한다. 그러면 힘과 경제와는 상관없이 돌볼 수가 있다. 우리가 이득을 계산하며 성장할 때는 지나갔다. 이제 후진국을 위해 우리가 무엇을 할 것인가를 생각해야 한다. 이렇게 하는 것이 바로 사업을 하는 것으로, 그들을 상대로 장사를 하는 것이 아니라 이롭게 해주는 사업을 해야 하는 것이다.

우리는 이익을 따지면 안 된다. 이익이 어떠니 하는 그런 말들은 다 접어두고 재난이 발생했을 때에는 마음을 다해 빨리 일으켜 세울 생각을 해야 하며 빨리 일으켜 세우는 만큼 우리가 손해를 덜 보게 된다.

지금 사람들이 죽어가고 있는데 한쪽에서는 손익을 따지고 있으면 어찌 되겠느냐? 얼마나 우리를 미워하겠느냐? 아픈 곳에 소금을 뿌리는 격이다.

구호를 위해서 연예인들도 앞다투어 10억씩, 1~2억씩 내고 있고 어떤 그룹은 단체에 6억을 내는 등 이런 식으로 기부를 하고 있습니다.

그것을 다 모아봐야 몇 천억이 되지 않는다. 그것은 하나의 표현밖에 안 된다. 그들이 그렇게 하는 것은 자기 인기를 위해서이다. 잘 보아라. 일본에서 인기 많은 자가 더 많이 내지 않느냐? 이것이 진정한 마음에서 나온 것인지 계산에서 나온 것인지는 시간 지나면 다 알게 된다. 이제는 그런 것에 속지 않을 만큼 우리 국민이 다 커버렸기에 인기 때문에 했다면 나중에 온갖 말을 다 듣게 된다.

기부가 전부가 아니라 마음을 열라는 것이다. 일본이 복구비용이 없는 나라가 아니다. 외국에 나가 있는 일본 부자 기업인 한 사람이 1조도 낼 수 있다.

중요한 것은 마음의 표현이다. 지금 당장 돈 얼마를 기부하는 것이 아니라 그 위험한 나라에 담요를 들고 들어가서 그들에게 따뜻한 말 한마디 건네고 그들을 위로하는 것이 진짜 위하는 것이다. 돈 10억을 내려면 거기에 뭐가 필요한가를 알아 그것을 사서 빨리 가지고 가야 되겠다는 마음을 먹어야 한다. 이때 가지고 가는 물품 값을 따져보니 한 10억이 되는 것이다. 이것을 들고 얼마나 빨리 가느냐이다. 본인이 직접 가져가 나누어 주어도 된다. 피난처는 안전한 곳이기에 들어가서 크게 피해 입을 것도 아니니 직접 가서 나누어주며 그들의 등을 두드려 주면서 마음으로 같이 울어 주어야 한다.

연예인들은 이럴 때일수록 '우리가 일본을 어떻게 도와야 된다'고 하며 진정으로 일본을 품는 말을 하게 되면 그 사람은 나중에 저절로 뜨게 된다. 일본을 진심으로 사랑하면 국민에게 호소를 하게 되어 있다. 그때 그의 호소력은 엄청나게 크기에 그것이 그의 운명을 바꾸어 놓을 수도 있다.

돕는 것에 있어서도 민간에서 돕거나 몇몇 연예인들이 성금을 모으고 하는 것보다 국가적으로 어떤 프로젝트를 크게 짜서 일본을 체계적으로 돕는 것은 어떻습니까?

민간이 먼저 나서면 국가는 자연히 그렇게 하게 되어 있다. 민간이 나서지 않으면 국가가 국민 눈치를 보게 되어 있다. 그렇지 않아도 일본에 안 좋은 감정을 가지고 있는데 일본을 도와주는 프로젝트를 한다고 하면 어떻게 나올 것인가 하고 눈치를 본다. 국민이 먼저 나서면 국가는 일하기가 쉬워진다. 그러한 분위기 조성을 국민이 해야 된다. 그러면 국가는 뒷받침 하게 되어 있다. 이익을 떠나서 국제사회에서 우리가 가장 주도적인 역할을 해야 된다.

그러면 우리 기업인들은 어떻게 해야 합니까?

기업인들도 함께 뭉쳐 일본을 어떻게 도울 것인가를 집중적으로 생각해야 된다. 일본이 저렇게 되었으니 반사적으로 우리가 이때 물건을 많이 팔겠다는 장사꾼이 되어서는 안 된다. 물건이 많이 팔릴 것이라면 자동으로 그렇게 될 것이니 그런 것만 계산하는 약삭빠른 모습을 그들에게 보여서 그들의 마음을 다치게 하지 마라. 기업인들도 대인의 마음으로 뭉쳐, 일본을 살리면 우리는 크게 일어날 수 있으니 '어떻게 하면 우리가 도와 빨리 극복하게 일으켜 세워줄 것인가?' 이런 것을 생각하고 빨리 행동에 옮겨야 한다.

우리가 도와주어 일본이 다시 일어나 서로가 돕게 되면 우리의 삶이 굉장히 좋아진다. 앞으로 일본과 손을 잡으면 엄청나게 좋아진다. 각자의 역할을 잘 맞추어 외국에 공사수주를 따러가더라도 공동의 프로젝트를 짜서 함께 나가게 되면 엄청나게 좋은 일들이 일어나게 된다.

그런데 우리가 여기서 손익이나 따지고 있으면 재건이 어느 정도 되고 나면 일본은 우리를 미워하게 되어 또다시 독도뿐만 아니라 또 다른 문제도 들고 나오게 된다.

지금 부산에는 일본인뿐만 아니라 일본에 있던 외국인들까지도 들어오고 있습니다. 그것도 일종의 전 세계 사람들을 한꺼번에 받아들이는 것으로 보아야 합니까?

그렇다. 그 사람들에게 주는 이미지가 어떠냐에 따라서 국제적인 시각도 엄청나게 달라진다. 지금 국제는 우리가 대인인지 아닌지를 보고 있는 것이다.

마지막으로, 이번 재난으로 인해 희생된 자들을 불쌍하게 보고 있는데 우리는 그들을 어떻게 보아야 합니까?

희생된 자들을 불쌍하게 여기고 슬픔에 빠져 있을 때가 아니다. 이럴 때일수록 냉철해야 된다. 인간 육신을 못 쓰고 이제 분리가 되었지만 영혼은 죽지 않는다.

영혼들을 편안하게 해주어야 된다. 그러기 위해서 우리는 이 희생을 거름삼아 앞으로 무엇을 해야 될 것인지, 어떻게 승화시켜 줄 것인지를 생각해야 한다. 그래야 영혼들이 한(恨)에 맺히지 않는다. 그들의 희생이 이 사회를 바르게 잡아가는 데에 거름이 되었을 때 그 영혼들의 넋을 달랠 수 있다. 이 희생을 딛고 우리가 밝은 미래를 건설해야만 그들이 다음 생에 태어났을 때 더 좋은 세상에서 살 수 있다.

대자연이 이렇게 엄청난 희생을 시키는 것은 우리를 깨치게 하기 위함이다. 그렇게 하지 못했을 때 대자연은 또 한 번 운다.
이런 희생은 우리가 욕심내는 데에서 비롯되는 것임을 알아야 한다. 그러나 이러한 희생은 발전을 위해 하는 것이지 대자연이 일부러 재앙을 주려고 하는 것이 아니라는 것도 알아야 한다.

이제 결론은 단 하나이다.

대인의 품성으로 마음을 열고
일본을 내 가족으로 품고 도와주어라.

도서출판 정법시대는…

인류 역사는 온갖 방편과 모순을 빚으며 그것들이 꼬리에 꼬리를 물고 쌓이고 쌓여 엄청나게 방대한 양을 축적하며 1안의 사(邪)를 이루며 숨가쁘게 달려와 드디어 최고 정점의 시대에 도달하였다. 그 방대한 양이 이제는 질로 변화되어 2안의 정(正)을 펼치기 위해, 정점의 시대를 지나 후천개벽을 알리고, 인(人)이 운용하는 인본시대가 도래되는 새로운 인류역사의 질서 창출이 요구되고 있다.

그리하여 인류의 삶도 모든 분야에서 새로운 가치가 요구되고 있다. 작게는 나로부터 크게는 온 인류에 이르기까지, 정치, 경제, 사회, 교육, 문화, 철학, 종교 등 모든 분야에서 새 시대에 걸맞는 새로운 법을 요구하고 있다. 그것이 바로 정법(正法)으로, 그 정법을 바탕으로 미래 인류 역사를 이끌어가는 정법시대가 열리게 된다.

　그래서 도서출판 정법시대에서는 태초 이래 지금까지 삶의 근간을 이루었던 관습과 윤리와 지식을 새롭게 재해석하여, 오늘날과 인류미래사회의 초석이 되고 빛과 소금이 되어 진정한 행복이 충만하고 찬란한 미래복지사회 건설에 기여할 수 있는 새로운 인류 보편적 가치인 정법을 생산하여 인류문화의 꽃을 피우는 그 중심이 되고자 한다.

정법시대 正

스승 *제1권*

질문보기

책을 펴내면서
3:7의 법칙을 설하다
스승은 없고 선생만 있다

제1강 **신년 해맞이와 새해 덕담**
요즘 사람들은 해가 바뀔 때, 해맞이를 하기 위해 산이나 바다로 많이 갑니다. 어떠한 자세로 해맞이를 하러 가야 합니까?

제2강 **마음에너지의 위대한 힘**
지난번 강의를 하실 때 인간의 '마음'에 대해서 잠시 언급해 주셨는데, 지금까지 저희들이 알고 있던 것과 전혀 다른 말씀을 하셔서 저 개인적으로는 매우 충격적이었습니다. 하지만 마음의 실체를 조금이나마 알게 되어 좋았습니다. 그래서 마음에 대해 좀 더 자세한 가르침을 받고 싶습니다.
보충 첫 번째 강의 ; '마음'과 '각'은 이렇게 다르다
보충 두 번째 강의 ; 마음을 수련한다고?
보충 세 번째 강의 ; 마음이 요동친다?

제3강 **직장생활 성공의 원리**
지금 졸업시즌이 되어 학생들이 졸업을 하고, 직장에 취업하여 사회에 첫발을 내딛고 있습니다. 그래서 직장에 들어가면 어떻게 해야 하는지에 대한 책을 많이 보게 되는데, 대부분 처세술에 관한 것들입니다. 그러나 이것만으로는 아무래도 부족한 것 같습니다. 어떻게 해야 직장생활을 잘 할 수 있는지 가르쳐 주십시오.

제4강 **'컵의 원리'를 아느냐?**
일을 하면서 짜증이 날 때가 많이 있습니다. 짜증을 내지 않고 일을 하는 법은 없는지 알고 싶습니다.

제5강 **인본시대 도래**
;하늘에 빌고 땅에 빌던 시대는 갔다

요즘 기도처에 가보면 열심히 기도하는 사람들이 점점 줄어들고 있습니다. 그리고 기도하는 사람들도 예전처럼 열심히 기도해도 성불을 보기가 쉽지 않다고 합니다. 기도를 더 열심히 해야 하는지, 아니면 또 다른 이유가 있는 것인지 여쭙고 싶습니다.

제6강 **국민이 어려운 이유**

지금은 국민 모두가 어려운데, 대부분의 사람들이 시간이 지날수록 더욱 어려워질 것 같다고 생각합니다. 그래서 약간 불안하기도 하고 또 인심도 점점 야박해지는 것 같습니다. 어떻게 해야 이 어려움에서 벗어날 수 있는지 가르침을 주십시오.

제7강 **지금 장사가 어렵다면…**

제가 시장에서 장사를 7년째 하고 있는데, 경기가 매우 좋지 않은 것이 피부로 느껴집니다. 지금이 11월인데, 내년까지 계속 이렇게 이어질 것이라고 말들을 하니 걱정이 태산 같습니다.
다른 것은 둘째치고라도 장사를 해서 여러 직원들과 함께 먹고살아야 하는데, 자금이 넉넉하지 못해서 불안합니다. 과연 제가 그 사람들에게 제대로 월급을 주면서 잘 이끌어 가려면 어떻게 해야 하는지 가르침을 주십시오.

제8강 **사업실패 후 재기의 원리**

사업에 실패를 하여 재기하려고 합니다. 그런데 한 번 실패를 하고 나니 용기도 꺾이고 두려움도 생깁니다. 어떻게 해야 재기에 성공할 수 있는지 가르침을 주십시오.

제9강 **사업확장의 원리**

사업 규모를 확장하려고 준비하고 있습니다. 그런데 확장시키고 나서 망하는 경우를 허다하게 보았습니다. 왜 그런지 가르쳐 주십시오.

제10강 **결혼, 이혼 그리고 재혼**

혼기가 차면 결혼을 하게 되는데, 몇십 년 결혼생활을 하면서도 왜 결혼을 했는지 근본도, 목적도 모르고 살아왔던 것 같습니다. 결혼의 의미와 목적은 무엇인지 가르침을 주십시오.

제11강 **저축하지 마라**

이제 막 결혼을 하여 새로운 인생을 시작하게 되었습니다. 내 집 마련도 해야 하고 경제 관리도 신경을 써서 가계를 잘 꾸려 나가야 하며 저축도 해야 합니다. 어느 정도 저축하는 것이 적당할까요?

제12강 **연예인, 자살하지 마라**

저는 지금 가수활동을 하고 있습니다. 그런데 인기란 것이 하루아침에 생겼다가 물거품처럼 사라지는 경우를 많이 보았습니다. 그래서 주위에서 인기에 연연해서는 안 된다고 합니다만 그렇다고 달리 뾰족한 방법도 없어 불안하기만 합니다. 어떻게 해야 하는지 여쭙고 싶습니다.

제13강 **사주대로 살면 망한다**

　　　　　-팔자는 그려가며 살아라

지금 시대적으로 어렵다 보니 어려움을 피하기 위해 사주를 많이 보고 사주에 맞게 살려고 합니다. 그런데 사주를 보러 가면 풀이해 주는 말들이 어려워 이해가 안 됩니다. 사주가 무엇인지 가르쳐 주십시오.

제14강　**작명(作名)**

'좋은 이름을 지어야 자식이 잘된다'는 풍습 때문인지 옛날에는 이름 짓는 것을 굉장히 신중하게 생각하여 자식을 낳으면 이름을 짓기 위해서 동네 어른들이나 작명가를 찾아다녔습니다. 그리고 지금도 연예인이나 출세하고 싶은 사람들은 몇백, 몇천만원을 들여가며 예명을 짓기도 하고, 호적까지 바꾸어 개명을 하는 경우도 있습니다. 정말 작명가를 찾아가 좋은 이름을 지어야 하는지, 이에 대한 가르침을 주십시오.

제15강　**상생, 누가 누구에게**

'상생의 순리에 의해 살아가라'고 하는데 어떻게 해야 상생이 되는지 가르침을 주십시오.

제16강　**좋은 인연, 나쁜 인연**

우리에게 직접적, 간접적으로 많은 인연이 주어지는데, 흔히 다른 사람과의 인연을 좋은 인연과 나쁜 인연으로 구분하여 가까이 하거나 멀리 하려고 합니다. 그런데 좋은 인연과 나쁜 인연이 있는 것인지, 있다면 좋은 인연과 나쁜 인연은 어떤 경우에 이루어지는지 가르침을 주십시오.

제17강　**주위에 장애인이 있다면…**

집안 친척 중에 선천성 장애를 가지고 태어난 아이가 있어 그 부모가 항상 가슴 아파하며 살고 있습니다. 그런데 이렇게 선천성 장애도 있지만 후천적으로 사고를 당해서 장애인이 되는 경우도 있습니다. 어떤 이유로 이런 일이 생기는 것인지 여쭙고자 합니다.

스승 MENTOR
— 제2권 대화(話·化·花)

초판 1쇄 발행	2011년 4월 15일
초판 2쇄 발행	2011년 4월 16일
말한이	眞政
기획 및 엮은이	신경애
펴낸이	신경애
원고정리 및 교정	신황숙, 고은희, 이윤소, 김홍근, 박혜령
인쇄	문덕인쇄(주)
펴낸곳	도서출판 정법시대
주소	서울시 강남구 역삼1동 605-3 역삼B/D 3층
전화	02-2272-1204
팩스	02-2051-1203
등록번호	제 2010-000194호
전자우편	jungbub2013@naver.com
홈페이지	www.mentor7.net
카페	cafe.naver.com/meetingmentor
블로그	www.jungbub.com

ISBN 978-89-964423-5-6(04100)

* 저작권법에 의해 보호받는 저작물이므로 무단전재와 무단복제를 금지하며
   이 책 내용의 전부 혹은 일부를 이용하려면
   반드시 저작권자와 도서출판 정법시대의 서면 동의를 받아야 합니다.
* 저작권자와의 협의에 의해 인지를 붙이지 않습니다.